日本労働法学会誌129号

労働法における立法政策と人権・基本権論

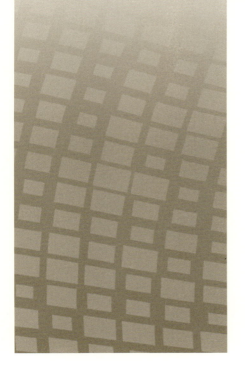

日本労働法学会編
2017
法律文化社

目　次

《シンポジウム》
労働法における立法政策と人権・基本権論
　　——比較法的研究——

《報告》

労働法における立法政策と人権・基本権論を
　比較法的に検討する今日的意義……………………浜村　　彰　3
　　——報告全体の趣旨——
イギリスにおける労働立法政策と人権・基本権論……有田　謙司　13
　　——労働市場の効率性と憲法化・シティズンシップ論——
ドイツ労働法における立法政策と人権・基本権論……川田　知子　29
　　——最近の立法動向を中心に——
フランス労働法における立法政策と人権・基本権論……細川　　良　45
日本の労働立法政策と人権・基本権論………………沼田　雅之　61
　　——労働市場政策における人権・基本権アプローチの可能性——
総　　括……………………………………………………有田　謙司　79
　　——労働法における立法政策と人権・基本権論の
　　　比較法的研究から得られたもの——

《シンポジウムの記録》
労働法における立法政策と人権・基本権論……………………………86
　　——比較法的研究——

《回顧と展望》

季節労働者の再採用拒否と労働契約法19条………… 島田　裕子　117
　　――A農協事件・東京高判平27・6・24労判1132号51頁――

地方公務員における一般職・特別職の区分と
　「非常勤職員」への年休に関する虚偽告知を
　理由とした損害賠償………………………………… 早津　裕貴　127
　　――中津市（特別職職員・退職手当）事件・
　　　最三小判平27・11・17労判1135号5頁（第1事件），
　　　中津市（特別職職員・年休）事件・
　　　大分地中津支判平28・1・12労判1138号19頁（第2事件）――

海外勤務者に対する労災保険適用の有無…………… 廣田久美子　137
　　――国・中央労基署長（日本運搬社）事件・
　　　東京高判平28・4・27労経速2284号3頁――

《2016年第131回大会シンポジウムⅠ補論》
労働者派遣法の原理的考察…………………………… 本久　洋一　145

《追悼》
中山和久先生の思い出………………………………… 島田　陽一　157
林　弘子先生を偲ぶ…………………………………… 阿部　和光　164

2015年度学会奨励賞について………………………… 石田　眞　171

日本労働法学会第132回大会記事……………………………………… 173
日本労働法学会第133回大会案内……………………………………… 179
日本労働法学会規約……………………………………………………… 181
SUMMARY ……………………………………………………………… 185

《シンポジウム》
労働法における立法政策と人権・基本権論
―― 比較法的研究 ――

労働法における立法政策と人権・基本権論を
　比較法的に検討する今日的意義　　　　　　　　　　　浜村　　彰
　　　――報告全体の趣旨――
イギリスにおける労働立法政策と人権・基本権論　　　有田　謙司
　　　――労働市場の効率性と憲法化・シティズンシップ論――
ドイツ労働法における立法政策と人権・基本権論　　　川田　知子
　　　――最近の立法動向を中心に――
フランス労働法における立法政策と人権・基本権論　　細川　　良
日本の労働立法政策と人権・基本権論　　　　　　　　沼田　雅之
　　　――労働市場政策における人権・基本権アプローチの可能性――
総　　括　　　　　　　　　　　　　　　　　　　　　有田　謙司
　　　――労働法における立法政策と
　　　　人権・基本権論の比較法的研究から得られたもの――
シンポジウムの記録

《シンポジウム》

労働法における立法政策と人権・基本権論を比較法的に検討する今日的意義
——報告全体の趣旨——

浜 村　　彰

(法政大学)

Ⅰ　なぜ労働法における立法政策と人権・基本権論を議論するのか？[1]

　シンポジウムの統一テーマとして「労働法における立法政策と人権・基本権論」を取り上げることとした理由や背景として，次の2つの点を挙げることができる。

　その1つは，今日の日本社会や企業社会における人権・基本権保障の後退状況を目の当たりにして，あらためて労働法における人権・基本権保障のあり方を検討する必要があるのではないかという点である。周知のように，イジメや子どもの虐待，ヘイトスピーチといった人権侵害の頻発化やシングルマザーやワーキングプアといった新しい貧困が大きな社会問題となっているが，企業社会でも，ブラック企業・ブラックアルバイト，セクハラ・マタハラ・パワハラなどのほか，過労死や過労自死などの悲惨な出来事が後を絶たない。つい最近

---

1) 本報告全体で「人権」および「基本権」という用語は次のような意味で使っている。すなわち，憲法の一般的教科書によると，憲法学上自然法に基づき人が生まれながらに持っている自然権を「人権」または「基本的人権」と呼び，それが実定法で明文化された場合に「基本権」と呼ぶようである（たとえば渡辺康行＝宍戸常寿＝松本和彦＝工藤達朗『憲法Ⅰ基本権』（日本評論社，2016年）2頁以下参照）。本報告でもこの2つの用語をそうしたオーソドックスな意味で用いている。ただし，日本やドイツ，フランスで憲法上保障されている人権・基本権が「憲法的価値」を有することはいうまでもないが，イギリスの「シティズンシップ」のように成文の憲法で保障されていないが，法解釈論や政策論において尊重されるべき規範的基本概念として認められているものについても，「憲法的価値」という用語を用いることにする。

においても，入社1年目で試用期間が終了したばかりの女性の新入社員が，いきなり月100時間を超える残業をしていたにもかかわらず，「君の残業時間は会社にとって無駄」といわれて過労自死した電通の痛ましい事件が社会の注目するところとなっている。こうした問題については，本来労働組合が企業における人権擁護主体として防波堤となるはずだが，20％を割る組織率の低減によりその空白領域が拡大するなどして期待された役割を果たせていない。となると，フランスの1992年法のように企業内における人権・基本権を直接保障する立法の制定，たとえばそういう趣旨での労働契約法の大胆な改正を図ってもいいのでないか，という問題意識が湧いてくる。

　他方，もう1つの問題意識は，最近の労働法の立法政策において，人権・基本権論の視点からの論議が極めて希薄になっているのではないか，という危機感である。ことにアベノミクスというデフレ脱却を至上命題とした「3本の矢」という経済政策の一環として，2015年9月に労働者派遣法が改正され，派遣先の派遣可能期間の大幅緩和により「常用代替防止」という政策原理が形骸化して日本の「雇用」全体の劣化，つまり労働権保障の後退が進むおそれが懸念されている。また，参議院選を挟んで「働き方改革」のスローガンの下に「労働時間の上限規制」と「同一労働同一賃金原則」の法制化が現在の立法政策の大きな焦点となっているが，それに先立ちアベノミクスの雇用改革として，高度プロフェッショナル制度の導入という労働基準法の時間規制の適用除外の拡大や解雇の金銭解決制度の導入といった規制緩和政策が旗印に掲げられていたことを見過ごすことができない。これらの立法が制定されたときには，労働者の個人や市民としての「生活時間」が際限なく奪われ，労働者の「生存」と「自由」が大きな危機に直面するとともに，不当な解雇によって労働者の「雇用」が奪われ，「労使対等決定原則」が形骸化することは避けられない。

　この2つの問題のうち本報告では，後者の立法政策と人権・基本権をめぐる問題を統一テーマとして取り上げることにした。前者の問題が重要なことはもちろんであるが，現在の政治的諸状況を考えると，企業内における労働者の人権・基本権を保護することを目的とした労働立法の実現可能性は極めて薄いといわざるを得ない。これに対し，現政府の政策の基本方針を考えると，後者の

問題の方が今日的課題性を有しているし、とくに労働法の立法政策を論議するときに人権・基本権の視点をどう組入れるのか、という点について、これまで学会においてあまり突っ込んだ議論がなされてこなかったことを踏まえると、「労働法における立法政策と人権・基本権論」をめぐる問題を論議してもらった方が統一シンポのテーマとして相応しいと考えた次第である。

Ⅱ　1990年代以降の「経済政策論」の優位と人権・基本権論の低調状況

　近年の歴史を振り返ると、バブル景気がはじけた後に「失われた90年代」といわれる経済の長期低迷状態に陥った日本において、時の政府の政策上の何よりの優先課題は景気の回復や経済の再生であった。とりわけ、2000年代に入ってからは小泉政権が「構造改革なくして景気回復なし」というスローガンの下に、経済の再生を最優先として労働法の規制緩和を押し進めた。もちろんこの間の労働法制の改編は、2006年男女雇用機会均等法の改正や2007年労働契約法の制定にみられるように規制緩和ばかりではないが、それが大きな流れとしてあったことは否めない。しかし、この市場原理を重視した規制緩和策によってはたして景気回復がもたらされたのか。

　たしかに「いざなみ景気」と呼ばれる戦後最長の好景気が実現されたが、それがはたして構造改革＝規制緩和によってもたらされたのか、それとも不良債権を抱えた金融機関に対する多額の公的資金の注入と中国や新興国の景気拡大がもたらした特需によるものなのか、という点については、エコノミストの間で意見の分かれるところである。また、この「いざなみ景気」は、実質賃金が低いままで消費者心理が改善しなかったことから、「実感なき景気回復」といわれ、それどころかワーキングプアやネットカフェ難民という言葉に象徴されるように、この時期に社会的格差が拡大して若者の「新しい貧困」が大きな社会問題となったことは記憶に新しい。

　また、現在の安倍政権においては、「デフレ脱却」のための３本の矢をキャ

2）　この点については、浜村彰「構造改革と労働法制」日本労働法学会誌103号（2004年）105頁以下参照。

シンポジウム（報告①）

ッチフレーズとして「大胆な金融緩和」と「大規模な公共投資」というケインズ主義的バラマキ政策がとられる一方，第3の矢である「民間投資を喚起する成長戦略」では，日本を「世界で一番企業が活躍しやすい国」にするという新自由主義的経済政策が採用されるなど，ゴッタ煮的な経済政策がとられている[3]。しかし，第1の矢である「大胆な金融政策」＝日銀による異次元緩和によって株価が一時的に上昇したものの，現状はデフレ脱却に程遠い状況にあり，とりわけ第3の矢である「岩盤規制をこじ開ける」労働法の規制緩和がどれほどデフレ脱却に貢献するかははっきりとしていない。それどころか，2016年の参議院選が近づくにつれて安倍政権は労働法の規制緩和路線をほぼ封印し，とくに参院選直前の「ニッポン一億層活躍プラン」（2016年6月2日閣議決定）では，労働法制について従来の規制緩和とは逆方向ともいえる「同一労働同一賃金の実現など非正規雇用の待遇改善」と「長時間労働の是正」を柱とする「働き方改革」を前面に押し出している。その意味で，こと労働法制に関してアベノミクスの立法政策は，政権維持を至上命題とした「軸足なき政策」といっても過言ではない[4]。

とはいえ，「同一労働同一賃金原則」も「労働時間の上限規制」も，大きな意味でデフレ脱却という経済政策の一環として位置付けられている点では変わりはない[5]。もちろん，景気回復を第一義目的とする経済最優先の政策の一環としての労働法の立法政策だからといって，それを否定的に評価するつもりはない[6]。しかし，労働者の人権・基本権の視点を欠如あるいはほとんど考慮しない

---

[3] アベノミクスとその雇用改革の問題点については，浜村彰「アベノミクスの雇用改革」労旬1865号（2016年）15頁以下参照。とりわけ安倍政権の労働の規制緩和全体を批判的検討したものとして，西谷敏ほか『日本の雇用が危ない　安倍政権「労働規制緩和」批判』（旬報社，2014年）参照。

[4] この点について，浜村彰「安倍政権下の労働法制・雇用政策」大原社研雑誌700号（2017年）20頁以下参照。

[5] 朝日新聞2016年9月28日朝刊によると，安倍首相の働き方改革の最大の狙いは経済成長の下支えであり，その背景には，少子化と高齢化に伴う人口減少社会への強い危機感があるとされているが，要は国民が総活躍できる働き方の多様化をはかって，将来ますます深刻化する労働力不足を解消しなければ，日本の経済力の衰退を招くという強い危機感に支えられてのことである。

経済政策優位の労働法の立法政策論については、大きな疑問を禁じえない[7]。

立法を策定する国家＝立法府とそれを執行する行政府が、人権・基本権を尊重する義務を負っていることはもちろん、憲法の保障する人権・基本権を侵害する立法を策定・執行した場合には、司法により違憲・無効と評価されることはいわずもがなである。しかし、それだけではなくたとえ人権・基本権を直接侵害せず、直ちに違憲評価を受けない場合であっても、人権・基本権と抵触するおそれや疑いを生ずるような立法を策定することはできる限り避けるべきである。憲法論や憲法原則は、司法審査の基準論としてのみ存在するわけではなく、政策選択の基準としての役割も担っているからである[8]。その意味で、労働法において立法政策を論議する場合には、人権・基本権論的視点を組み込んで、立法目的やその実現方法と、人権・基本権との間で「対話」（ここでは「かみ合った議論をする」という意味で用いている）や「調整」（同じく、「対話した結果が立法に反映される」という意味）が求められることは、何人も否定しえないところと思われる。

Ⅲ 労働法の立法政策論議において人権・基本権論を論ずる「虚しさ」と「難しさ」

とはいえ、ひとくちに立法政策と人権・基本権論との対話・調整といっても、具体的にどのように行うかは簡単な問題ではない[9]。特定の立法政策に対して人権・基本権を「対置」して批判することは重要であるが、その場合にはえてして両者が相克して結果的に政治力学に左右されるという虚しさだけが残る印象

---

6) 1987年の労基法改正を象徴とする80年代の労働時間短縮政策が、内需拡大＝消費拡大のための経済政策としての性格を持っていたことは周知のとおりである。

7) 山口俊夫「経済効率と人権保障」千葉大学法学論集8巻1＝2号（1993年）148頁は、70年代から80年代の経済危機以降において「先行した時期における以上に、経済的配慮が、明らかに、人権思想に深く根ざす労働法の論議をしばしば支配した」とする。

8) 中島徹「憲法学は『規制緩和』にどう向き合うか」法セ619号（2006年）15頁、和田肇『人権保障と労働法』（日本評論社、2008年）212頁、248頁もこの点を強調する。

9) これまで近時の労働法制の規制緩和に対して、人権・基本権的視点からの批判を行ったものとして、たとえば西谷敏『規制が支える自己決定』（法律文化社、2004年）97頁以下、同『人権としてのディーセント・ワーク』（旬報社、2011年）、和田・前掲注8）書207頁以下がある。

シンポジウム（報告①）

を拭いさることができない。とくに近時の新古典派経済学に基づく経済政策としての規制緩和論の場合には，それに対して人権・基本権論を対置するだけでは，政策立案サイドにはほとんど響かない状況にある。当該立法政策の違憲性が明確でない限り，あるいは相対する政治勢力がせめぎあう状況でもない限り，規制緩和を推進しようとする政策立案サイドに人権・基本権的視点からの批判を政策論に組み入れさせることは極めて難しい。では，このような立法政策論を人権・基本権的視点から論議することの「虚しさ」や「難しさ」をどのように克服したらよいのであろうか。どのようにしたら立法政策論と人権・基本権論との「対話」または「調整」をはかることができるのだろうか。

過去の労働法学会の議論を振り返ってこうした問題についての１つの示唆を与えてくれるのは，官公労働者の争議行為禁止の違憲性をめぐる激しい論争である。立法政策論と人権・基本権論の直接の対峙ではなく，すでに制定された立法についての最高裁の合憲論とそれに対するプロレーバー労働者法学からの批判という構図で論議が戦わされたが，この論争を経て明らかになった点が２つある。

その１つは，争議権またはストライキ権のような憲法上の労働者の人権・基本権を制約する立法については，単なる政策論にとどまることなく，人権・基本権を制約する立法目的それ自体が憲法的価値を備えていなければならないということである。周知のように最高裁は，当初「全体の奉仕者」論や「公共の福祉」論を用いて安易に合憲判断をしていたが，学説からの激しい批判を受けて，全逓東京中郵事件判決（最大判昭41・10・26刑集20巻8号901頁）において「国民生活全体の利益の保障」という見地から，争議行為の制限は官公労働者の職務の停廃が国民生活に重大な障害をもたらすおそれのある場合に限られるとした。この判決は，その後出された全農林警職法事件判決（最大判昭48・4・25刑集27巻4号547頁）や名古屋中郵事件判決（最大判昭52・5・4刑集31巻3号182頁）によって破棄されたが，この２つの判決において，最高裁は，憲法の定める勤務条件法定主義（73号4号，41条）や財政民主主義（83条）という憲法上の統治原理を基本権制限の根拠とした。こうした考え方それ自体が妥当かどうかはともかくとして，少なくとも争議行為の禁止という憲法上の人権・基本権を

制限する立法を策定しようとする場合には，それを正当化するに足りる憲法上の価値や原理が求められるということを明らかにしたということができる。[11]

　もう１つは，たとえ争議行為の制限目的が憲法的価値や原理を有するとしても，人権・基本権尊重という視点から，その制限は最小限度のものにとどめるべきとの最小限制約論が示されていた点である。つまり，ある立法が憲法の保障する人権・基本権と抵触または制約するおそれがある場合には，当該立法がその政策目的においてそれらの人権・基本権を制約するに足りる憲法的価値や原理を持っているだけではなく，かりにそれを備えている場合であっても，人権・基本権と抵触または制約する方法・手段においても，必要最小限度のものでなければならないという，政策選択の基準を示したものといえる。[12]

　これをたとえば市場原理主義に立つ経済学者が繰り返し唱えている解雇制限の緩和論に当てはめてみると，そこではまず憲法上の基本権である労働権を制約するに足りる憲法的価値とは何かということが問われることになる。そこで掲げられている衰退産業から成長産業への労働力の再配置を行うための労働市場の流動化という政策目的が，憲法的価値を備えているといえるのか。それは，日本の新たな経済成長のために必要とされる資源の再分配論にすぎないのであって，こうしたいわばナマの経済政策の論理（経済効率性）をもって人権・基本権の制約を正当化することはできないと思われる。つまり，政策目的について，いったん憲法的価値の有無や憲法的価値との適合性というスクーリングを掛ける必要がある。たとえばアベノミクスの雇用改革の「世界で一番企業が活躍しやすい国」にするという政策目的が，企業の「営業の自由」（22条）や「財産権」（29条）という憲法的価値を担っているとした場合でも，それらがそ

---

10) 以上の点について詳しくは，浜村彰「労働基本権の制限」労働判例百選〔第９版〕（有斐閣，2016年）12頁以下参照。
11) この点については，憲法学においても，憲法上の基本権を制約する「公共の福祉」という概念は，本来，基本権相互を調整する原理であると従来から指摘されてきたところでもある。
12) もちろんこの最小限制約論は前掲・全逓東京中郵事件判決が提示したもので，その後の前掲・最高裁２判決によって破棄されたのであるが，立法政策論の目的面ばかりではなく手段の側面においても，憲法の人権・基本権が政策選択の１つの基準となることを示すものといえる。

シンポジウム（報告①）

もそも労働者の労働権をはじめとした基本権を制約するに足りる法的価値を持っているのか、仮にこれが肯定されるとしても、両者の調整原理はいかなるものか、などの点についての議論を深めないままに解雇制限の緩和をはかろうとすることはいささか乱暴であろう。

　いやそうではなく、解雇制限の緩和や解雇の金銭解決制度の導入は、たんなる経済的効率性や社会的コストの軽減という経済論理だけではなく、解雇の自由化によって企業の採用意欲が増し、失業者に雇用機会を提供して労働者全体の雇用の増大をもたらすという限りにおいて、かかる政策も失業者や労働者全体の労働権や生存権の保障という憲法的価値を有するとの主張も成り立たないわけではない。しかし、失業者や労働者全体の雇用機会を増やす政策として解雇の自由化という方法や手段を選択することがはたして憲法適合的といえるか、現に職についている労働者の労働権を最小限ではなく、最大限に侵害するものではないか、という疑問を禁じ得ない。実際、解雇を自由化すれば、企業が採用意欲を高めて雇用量が増加し失業者が減る、という実証的研究を不勉強なのか見聞したことはないし、かかる主張に疑問を呈する経済学者もいる。また、単純な話かもしれないが、この理論によると解雇が自由なアメリカの場合は、解雇規制の強い日本と比べて、雇用機会が多くなるし、転職市場も日本よりは

---

13) 憲法学の立場から規制緩和論の憲法的価値ともいえる財産権の規範的意味についてそれを支える思想までさかのぼって再検討したものとして、中島徹『財産権の領分』（日本評論社、2007年）がある。また、GHQ原案を踏まえて営業の自由や法人の経済活動の自由が、そもそも憲法の保障する基本的人権と観念されていなかったとするものとして水林彪「『憲法と経済秩序』の近代的原型とその変容」季刊企業と法創造9巻3号（2013年）104頁以下および、この論文に着目して営業の自由が憲法的価値を有していないことから、安倍政権の進める規制緩和策を憲法は認めないと主張する深谷信夫「自由な企業活動と日本国憲法の原理」西谷ほか・前掲注3）書153頁以下参照。

14) 解雇制限の緩和を主張する経済学者がほぼ共通して主張する論理であり、たとえば大竹文雄「整理解雇の実証的分析」大竹文雄＝大内伸哉＝山川隆一編『解雇法制を考える』（勁草書房、2002年）143頁参照。

15) 荒木尚志＝大内伸哉＝大竹文雄＝神林龍『雇用社会の法と経済』（有斐閣、2008年）18-19頁［大竹文雄執筆部分］はこれに近い主張かと思われる。

16) この点については詳しくは、浜村彰「解雇法制と労働市場政策の今日的課題」日本労働法学会誌99号（2002年）5頁以下参照。

るかに発達しているから，失業率が低くなるはずだが，IMFの統計調査によると，1980年から30有余年の間，ほぼ一貫してアメリカの失業率が日本の失業率を上回っている[17]。

　経済学者との間のこうした議論の応酬がはたして実りのあるものどうかはさておき，このシンポジウムの各報告者は，今まで述べてきたように立法政策論と人権・基本権論が対置・相克するだけで終わるのではなく，両者が同じ「土俵」に立ってかみ合った対話や議論をすること，そしてそうした対話の中で両者の適切な調整や調和を見出すことのできるフォーラムや議論の仕方をいかにして築くことができるのか，という共通の問題意識を持っている。たとえばILOが提起し，日本でも最近様々な形で提唱されている「デーセント・ワーク」という概念は，規制緩和論に対置するだけではなく，立法政策と人権・基本権論が対話をするための土俵を設定する戦略的概念だと理解することもできるかもしれない。また，各論文を見るとわかるように，本報告の中ではデーセント・ワークのほかに，"Gute Arbeit"をキー概念とした立法政策論や「持続可能性」という戦略的概念を用いた立法論と人権・基本権論の調整の試みもなされている。

IV　なぜ比較法的検討なのか？

　以上述べてきたような課題について，日本では必ずしも十分に議論されていない状況にあるが，それではかかる問題について諸外国はどのような議論をしているのであろうか。本報告は，労働法における立法政策論と人権・基本権論の「対話」や「調整」が行われているのか？　行われて「いない」としたらなぜ行われていないのか？　「いる」としたらどのようにして行われているのか？　という課題について，各国の状況を比較法的に整理・検討し，そこから得られたものを提示するとともに，それを踏まえて日本におけるこの問題についての新たなアプローチを提案することを共通の目的としている。

---

17) IMF, World Economic Outlook Databases April 2016 (http://www.imf.org/external/pubs/ft/weo/2016/01/weodata/download.aspx).

シンポジウム（報告①）

　もちろん，日本におけるような規制緩和を目的とした立法政策論対人権・基本権論という対峙的構図においてばかりではなく，逆にドイツのように人権・基本権からあるいはそれに基づく戦略的概念に基づいて具体的立法が構想され，策定されるということもありうる。そうした場合も含めて，本報告は，各国における労働法の立法政策論と人権・基本権論の相克，対話あるいは調整のありようや立法政策論における人権・基本権論の立ち位置や役割について紹介・検討するものである。

　具体的には，まずイギリスについては有田会員がイギリスの立法政策と憲法化・シティズンシップ論について，川田会員からはドイツにおける立法政策と"Gute Arbeit"との関係，細川会員は，フランスの立法政策と憲法院の「雇用の権利」の役割について報告をし，沼田会員はこうした議論がほとんどなされていない日本において人権・基本権アプローチからいかにして立法政策論を論議すべきか，という問題提起を行っている。そして，最後に有田会員がこれらの報告を受けて，全体の総括として各報告から得られたものを整理し，労働法の立法政策論における人権・基本権論の意義とはたすべき役割を提起している。

　なお，今回のテーマである労働法における立法政策と人権・基本権論では，主に労働市場法や個別的労働関係法の領域での議論に終始しているが，こうしたテーマは集団的労働関係法領域でも同じように問題となる。たとえば今回は取り上げなかったが，従業員代表制の法制化問題も同様な議論が必要と思われる。従業員代表制を立法化する際に，憲法28条の団結権保障との関係でどのような形で整合的に制度設計するのか，憲法28条は労働者代表としてもっぱら労働組合を主体として構想していたのか，労働組合以外の従業員代表を28条は排斥しているのか，そうではないとしたら，従業員代表の憲法上の規範的根拠をどこに求めるのか，さらには企業内においてどのような規範的論理に基づいてその設置が義務づけられるのかといった点が議論されなければならない。個人的にも非常に興味のあるテーマあるが，それも扱うことは残念ながら報告者の力量を超えると判断し，今回のシンポのテーマとして取り上げないこととした。

（はまむら　あきら）

イギリスにおける労働立法政策と人権・基本権論
——労働市場の効率性と憲法化・シティズンシップ論——

有 田 謙 司

(西南学院大学)

I はじめに

　経済のグローバル化が進む中で，労働立法規制に対する緩和圧力の高まりは，先進諸国に共通してみられる現象であり，イギリスにおいても同様であるといえる[1]。とはいえ，詳しくは次のIIにおいて述べることになるが，イギリスには効率的な労働市場の形成を基準とする，という労働立法政策の特徴がみられる。このようなイギリスにおいて，近年，労働立法の規制緩和圧力に対抗するものとして，欧州人権条約（European Convention on Human Rights）の国内法化を図る1998年人権法（Human Rights Act）の制定と2000年EU基本権憲章（EU Charter of Fundamental Rights）を契機として，学説の中において人権・基本権論の展開がみられるところとなっている[2]。

　本稿は，そうしたイギリスにおける人権・基本権論からの労働立法政策論を提示する学説の議論を検討し，そこにみられる特徴点とその意義を明らかにすることを目的とするものである。なお，イギリスの文献においては，「人権（human rights）」を自然権的権利と理解し，「基本権（fundamental rights）」を人権をも含む憲法上保障された権利を意味するものと理解して，2つを異なる概念として区別して用いているものもあれば，両者をそうした区別をすることなく用いているものもある。こうしたことから，本稿においては，取り上げる学

---

1) C. Fenwick and T. Novitz eds., *Human Rights at Work* (2010, Hart Publishing), p. 1.
2) 有田謙司「イギリス労働法学における人権論の展開」季労215号（2006年）190頁以下も参照。

説の論者が特に両者を区別して用いていない限りは，基本的には，人権・基本権という用語の用い方をすることにする。

Ⅱ　イギリスの労働立法政策の特徴と人権・基本権論

1　労働立法政策における効率的な労働市場の形成という基準

ここでは，まず，学説の人権・基本権論からの労働立法政策論をみていくための前提問題を確認するために，イギリスの労働立法政策の特徴について簡単に述べておきたい。

イギリスにおいては，労働党と保守党の二大政党制のために，政権交代によって立法政策，とりわけ労働立法政策には大きな転換が生じるものとなっていた。ところが，サッチャー政権以降には，ニュー・レイバー（New Labour）の労働党政権時代においても[3]，労働立法政策は，経済効率性の向上，とりわけ，効率的な労働市場の発展という基準をクリアするものでなければならない，とすることにおいて共通している，との指摘がなされている[4]。これが，イギリスの労働立法政策の特徴であるといえる。

とはいえ，保守党政権における規制緩和（de-regulation）路線とニュー・レイバーの労働党政権における緩い規制（light regulation）路線には，やはり違いはある。前者においては，いわば単線的な規制緩和政策であるのに対して，後者においては，経済的および社会的統合の積極的価値と「市場親和的な（market-friendly）」労働基準についての積極的な評価が承認されている[5]。また，ニュー・レイバー以降は，EUとの協調と労働法規制のヨーロッパ化の進展がみられるようになっていることにも[6]，留意しなければならない[7]。

---

[3]　ニュー・レイバー時代の労働立法政策については，古川陽二「ニュー・レイバーの労働立法政策とその特質」イギリス労働法研究会編『イギリス労働法の新展開』（成文堂，2009年）228頁以下を参照。

[4]　P. Davies and M. Freedland, *Towards a Flexible Labour Market*（2007, Oxford University Press), p. 247.

[5]　Ibid.

2 不文憲法と議会主権の憲法原理

ところで、イギリスは、成文憲法を持たない国であり、かつ、議会主権の憲法原理を有する国である。このことは、労働立法政策の事後的チェックである裁判所による違憲立法審査の仕組みがないことを意味している。確かに、1998年人権法の制定により、すべての立法は、可能な限り、欧州人権条約と一致するように解釈され、かつ効果を与えられなければならないこととされ（人権法3条）、また、裁判所は、議会制定法（一次的立法（primary legislation））が欧州人権条約上の権利と一致しないと認定する場合は、「不一致宣言（declaration of incompatibility）」を行う権限を有するものとされている（同法4条）。しかしながら、「不一致宣言」は、当該立法の効力等に影響を与えず、当該訴訟当事者を拘束もしない（同法6条6項）。当該立法は、議会が救済命令を制定するまでは有効とされるのである。このようなことから、人権法は、議会主権を前提として、裁判所に「不一致宣言」をする権限のみを認め、違憲立法審査権を与えてはいないのである[8]。さらには、労働立法政策を主として基礎づけるものである社会権については、欧州人権条約には定めがないことから、「不一致宣言」によるチェックについてすら期待することができないのである[9]。

そこで、イギリスの労働立法政策の特徴である効率的な労働市場の発展の基準をクリアするものでなければならない、ということから生じる市場の効率性を過度に重視した労働立法規制の緩和等の問題の存在と、前述のようなニュー・レイバー以降のEUとの協調と労働法規制のヨーロッパ化の進展ということが相まって、イギリスでは、学説が、欧州人権条約およびEU基本権憲章を前提とした人権・基本権論を展開し、労働立法政策を基礎づけ、枠づける議

6） 有田謙司「EU労働法とイギリス労働法制」日本労働研究雑誌590号（2009年）17頁以下を参照。
7） なお、今後、イギリスのEUからの離脱が、労働法制にどのような影響を及ぼすかは、今のところ分からないため、本稿では、この点については考慮をしていない。
8） 倉持孝司「1998年人権法」戒能通厚編『現代イギリス法事典』（新世社、2003年）145頁。
9） この点の問題については、K. D. Ewing, 'The Human Rights Act and Labour Law' (1998) 27 ILJ 275; K. D. Ewing, 'Social Rights and Constitutional Law' (1999) P L 104を参照。

論を展開するところとなっているのである。

Ⅲ　イギリス労働法学における人権・基本権論

1　Heppleの社会権論

　イギリス労働法学において，労働法を基礎づけるものとしての人権・基本権論を展開したのは，Bob Heppleである[10]。Heppleは，ILO条約等の国際的な人権法やEUの基本権憲章は，社会権の新しい文化の基礎を提供するものであるとしている。とりわけ，EU基本権憲章は，従来の人権における古典的および政治的権利と現代的な社会的および経済的権利との二分法を終わらせて，新たな人権カタログを提示しているものとして，大きな意義を有するものと評価する[11]。こうした評価の上に，Heppleは，労働者権（labour rights）と人権とを区別する伝統的な二分法を終わらせる「社会権（social rights）」の概念を提唱する。Heppleは，このように社会権を人権として位置づけることによって，その権利としての普遍性の獲得を志向しているように思われる。

　また，Heppleは，労働法において人権が果たすべき役割のひとつは，裁判所がハードケースで法を解釈する際に，バックグラウンドにある権利（back-ground rights）として，参照され，助力することであるとしている。他方で，Heppleは，上述のような訴訟を基盤とする個人の権利とは異なり，EU基本権憲章にみられるような，EU市民の同憲章上の権利を助長するための積極的措置（positive action）に社会政策の焦点を移していくことは，多くの人々にそのよい結果がもたらされることを志向するものである，と評価している。Heppleは，このようなEU基本権憲章にみられる同憲章上の権利を助長するための積極的措置に社会政策の焦点を移していく方向性に，人権が労働立法政策において果たすべき役割を見出しているように思われる。

　以上にみたように，Heppleの労働法理論においては，人権論・社会権論は，その中核を占めるものとなっており，また，そうしたものとして，人権・社会

---

10)　有田・前掲注2)論文196-198頁も参照。
11)　B. Hepple, *Rights at Work*（2005, Sweet & Maxwell）, pp. 33-34.

権が労働法の中において果たすべき役割について，解釈論のレベルから立法政策論のレベルまで，重層的に展開されているのである。

2　労働法の憲法化論

イギリス労働法学におけるもうひとつの人権・基本権論の流れとして，EU基本権憲章の制定を契機としてヨーロッパで展開されている私法（private law）の憲法化（constitutionalisation）論を労働法において展開しようとするものがある。ここでは，Mark Bell と Hugh Collins の憲法化論を取り上げることにする。

（1）Bell の憲法化論　Bell によれば，憲法化は，一定の法規範をさらに確固なものとしようとするプロセスに関わる概念であり，一定の法規範により高い地位があるとするものである[12]。このような憲法化の理解の上に，Bell は，労働法の憲法化とその正当性について，次のような見解を示す。

すなわち，EU の法秩序内における雇用に関する権利の憲法化は，域内市場における競争によって労働条件基準に対してなされる異議申し立てを減殺する手法となる。そして，憲法化は，国際的な人権として労働基準を作り直すことを目的とする限りにおいて，現代の労働市場の複雑さに対応するものを提供しうるかもしれない[13]。また，人権は，その普遍性から，雇用関係の形態に関する類型化をめぐる技術的な議論を回避する手法を提供しうるかもしれない。雇用に関する権利の憲法化は，特定の社会的結果を保障するものではないが，少なくとも，他の基本的な目的の承認を通して市場の自由化を抑制するよう裁判所を説得する試みである[14]。

このような見解を示した後にさらに，Bell は，労働法の憲法化と「憲法化された」雇用契約（'constitutionalized' employment contract）という考え方も示している。すなわち，「憲法化された」雇用契約は，立法機関も使用者も制限す

---

12) M. Bell, 'Constitutionalization and EU Employment Law' in H. Micklitz ed., *Constitutionalization of European Private Law* (2014, Oxford University Press), p. 137.
13) Ibid., p. 142.
14) Ibid., p. 143.

ることができない最小限の核となる権利からなるものであり，経済危機からの雇用法への圧力を考えると，憲法化された雇用契約を成文化することは，規制緩和の下方へのスパイラルに対する防壁を提供しうるであろう[15]。また，Bell は，憲法化による雇用に関わる権利の基本権化と権利主体論として，次のような見方を示す。すなわち，基本権あるいは法の一般原則に結びつけられることが確認されると，裁判所は，EU 理事会指令が法律の適用範囲を国内法によって決めるものと定めているか否かにかかわらず，その適用範囲がより広く解釈されることを確保するために介入する[16]。そして，Bell は，そのような例として，労働時間指令（Working Time Directive）[17]に関する裁判例を挙げる[18]。

以上にみた Bell の憲法化論は，EU 労働法における憲法化論であり，その裁判所による審査に関する部分については，イギリスが EU 加盟国である限りにおいてのものといえようが，「憲法化された」雇用契約に関する部分の議論は，労働立法政策論に関わるイギリス国内における議論としても意味のあるものといえるであろう。具体的にどのような立法形式になるのか，これまでの Bell の議論では十分に展開されていない。今後の議論の展開を期待したい。

（2） Collins の憲法化論　　次に，Collins の憲法化論をみていくことにする。Collins は，まず，ヨーロッパレベルにおける次のような私法の憲法化の議論を展開する。Collins によれば，私法の憲法化とは，私法を憲法上の基本権や原則に合わせること（aligning）であり，この合わせることは，憲法上の基本権や原則が公法と私法に共通の基盤を提供する「単一法源構造（single source structure）」を採用するものとして理解されている[19]。私法の憲法化は，市場の秩序（market order）の基本的な法的枠組みを言い換える（restate）ために，基

---

15) Ibid., p. 169. Bell は，「憲法化された」雇用契約をなす核となる権利として，差別を受けない権利と年次有給休暇の権利等を挙げている。
16) Ibid., p. 169.
17) Council Directive 2003/88, OJ 2003 L 299/9.
18) M. Bell, supra note 12), p. 163.
19) H. Collins, 'The constitutionalization of European private law as a path to social justice?' in Hans-W. Micklitz ed., *The Many Concepts of Social Justice in European Private Law* (2011, Edward Elgar), pp. 134-141.

本権や基本原則を用いることに関わるのであり，単に契約自由の尊重を強制的な社会的規制とバランスさせるのではなく，契約の自由それ自体を問いただし（interrogate），調整する（adjust）のである[20]。そして，このCollinsの私法の憲法化論は，その実現を裁判所に期待する。すなわち，裁判所が，現代の憲法上の基本権や基本原則の観点から，財産権や私的自治という確立した体制を問うて，私法上の権利の基準（baseline of private law rights）を審査する役割に乗り出すならば，それは，市場秩序のための基本的ルールの漸進的な再検討の可能性を開くことになろう，と[21]。

Collinsは，上述のような裁判所の役割に期待した，私法の憲法化論を前提としながら，労働法の領域においては，「第三の道（the Third Way）」の労働法政策が規制緩和政策の道を歩み，規制によってもたらされる労働者の保護のレベルが低下するという危機感から，議論を始める[22]。Collinsによれば，この危機に対し，労働組合の組織率の低下に伴い団体交渉システムによる対応（労使多元主義の復権）には期待できない[23]。そこで，一般的な原則や権利を定め，下位の立法により容易に覆されないという意味で憲法的なものを構築する必要がある。これにより，規制者が基本権を不公正に侵害し労働市場に介入することを防ぐことができるのである。この労働法の憲法化は，政府によって追求される規制戦略を規律するためのより高次の法という適切な手段に依拠するものといえる[24]。

そして，Collinsは，労働法の憲法化という「欧州モデル」パラダイムの正当性を提示する新しい社会契約は，EUの基本権憲章等の人民の自由と社会的経済的権利の双方を包含する権利表明の中にみられ，政府や規制者を拘束する枠組みを設定する，と主張する。ただ，それら基本権の内容がディーセント・

---

20) Ibid., p. 159.
21) Ibid., p. 163.
22) ヒュー・コリンズ（鈴木俊晴訳）「労働法における第三の道を超えて―労働法の憲法化？」戒能通厚ほか編『法創造の比較法学』（日本評論社，2010年）395頁，特に，406頁以下。
23) コリンズ・前掲注22)論文408-409頁。
24) コリンズ・前掲注22)論文409頁。

ワーク(decent work),社会的包摂(social inclusion),個人の能力の向上といった現代の価値観を十分に踏まえたものとなっていることが必要である,ということも指摘している[25]。

このようなCollinsの主張する労働法の憲法化論は,次に述べる彼の現代的シティズンシップ論につながる議論となっている。

3 Collinsの現代的シティズンシップ論

Collinsは,上述した憲法化論をさらに展開させ,私法の伝統的な概念を見直し,私法は,他の法分野と同様に,競争的な市場の促進と弱い立場にあるもの(weaker parties)の保護といったような政策目的(policy objectives)を追求する,ということを承認する必要があると主張する[26]。その上で,Collinsは,現代的なシティズンシップ(citizenship)の概念を提唱している。

ところで,シティズンシップの概念は,T. H. Marshallによって提唱された際には,「シティズンシップとは,ある共同社会の完全なる成員である人びとに与えられた地位身分である。この地位身分を持っているすべての人びとは,その地位身分に付与された権利と義務において平等である。そうした権利や義務がどのようなものとなるかを決定するような普遍的な原理は,存在しない。」として[27],社会保障上の権利を基礎づける概念として議論されてきた。

これに対して,Collinsは,今日におけるシティズンシップの概念は,個人が,私法の中に記述されている一連の狭い経済的権利と憲法による統治と結びついた第二世代の政治的権利を享受していることだけではなく,市民が,社会的,経済的及び文化的権利として知られている一連の第三世代の権利を与えられていることも含意している,という見解を示す[28]。これらの3つの世代の諸権利を含む包括的な基本権を定めるEU基本権憲章は,そのような今日における

---

25) コリンズ・前掲注22)論文410頁。
26) H. Collins, 'A Workers' Civil Code ? Principles of European Contract Law Evolving in EU Social and Economic Policy' in M. W. Hesselink ed., *The Politics of a European Civil Code* (2006, Kluwer Law International), pp. 61-62.
27) T. H. マーシャル/トム・ボットモア(岩崎信彦=中村健吾訳)『シティズンシップと社会的階級』(法律文化社,1993年)37頁。

シティズンシップの基本的な属性を再考する基礎を提供するものとされる[29]。そして，Collins は，法による社会権の保護は，シティズンシップという発展しつつある概念における極めて重要な要素を提供するものと考えている[30]。

Collins はさらに，そのような見解，すなわち，現代的シティズンシップ論から人権・基本権論を展開していく。それは，社会権の意義の再定位といえるものである。Collins によれば，社会権は，第一世代の権利および第二世代の権利の適用範囲と限界を表すものとして理解されるべきであり，競合する諸権利が，広い社会的目的の観点から，どのように調整されるべきかについての洗練された現代的な理解を表している。換言すれば，社会権は，法的理由づけにおいて，諸権利への公益のための制約（public interest limitations）という正当な目的を表しているのである[31]。なお，Collins は，労働権（right to work）が上記のような調整機能を大いに果たしうるものと考えている[32]。

さて，このような基本権間の調整の役割を社会権が十分に果たしうるためには，個々の社会権の規範内容の再構成，あるいはその具体化が必要となるように思われる。この点について，Collins は，前述の憲法化論において，ディーセント・ワーク，社会的包摂，個人の能力の向上といった現代の価値観を十分に踏まえたものとなっていることが必要である，と指摘していることに留意すべきである。

以上にみたような Collins の考える現代的シティズンシップは，基本権間の調整の役割を果たすものとしての社会権をそのうちに含むものであることからしても，そうした調整を可能とするための概念として理解しうるものであるといえよう。

---

28) H. Collins, supra note 26), p. 61.
29) Ibid., p. 62.
30) H. Collins, *Employment Law* 2nd ed. (2010, Oxford University Press), p. 239.
31) H. Collins, supra note 26), p. 65.
32) H. Collins, supra note 30), pp. 254-255. なお，コリンズの労働権論については，V. Mantouvalou ed., *The Right to Work* (2015, Hart Publishing) に所収のコリンズの２つの論文（'Is There a Human Right to Work ?'; 'Progress towards the Right to Work in the United Kingdom'）も参照。

シンポジウム（報告②）

Ⅳ　労働立法政策と人権・基本権論

それでは，以下においては，イギリスにおける労働立法政策と人権・基本権論の具体的な議論として，労働時間規制の領域と解雇規制の領域におけるものについて，みていくことにする。

1　人権・基本権論と労働時間規制

イギリスにおいては，全労働者を対象とするという意味における普遍的な労働時間規制は，EU の労働時間指令（Council Directive concerning certain aspects of the organization of working time（93/104/EC））を国内法化した1998年労働時間規則（Working Time Regulations（SI1998 No. 1833））であることもあって，ここでも，労働時間の条件に対する権利を保障する EU 基本権憲章をめぐって議論が展開されている。同憲章の31条「公正かつ正当な（Fair and Just）労働条件」は，次のような定めとなっている。

> 「1．すべての労働者は，自らの健康，安全及び尊厳（dignity）を尊重する（respect）労働条件に対する権利を有する。
> 2．すべての労働者は，労働時間の上限に対する権利，各日及び各週における休息期間（rest periods），並びに年次有給休暇の権利を有する。」

労働時間規制の立法政策は，上記のような EU 基本権憲章31条の保障の趣旨にそってなされるべきであり，同条項は，労働時間規制の緩和に対して制限的な役割を果たすものである。このような認識の下に，イギリスでは，基本権としての労働時間等に関する労働者の権利と労働時間規制緩和の限界をめぐる議論が展開されている。

（1）Bogg の議論　　まず，Alan Bogg の議論についてみていく。Bogg は，EU 基本権憲章31条 2 項をめぐって，とりわけ，労働時間規制の適用制限（limitation）やデロゲーション（derogation）について，次のような議論を展開する。第 1 に，EU 基本権憲章31条 2 項は，「上限（maximum）」に言及してい

る。したがって，EU の労働時間指令の週48時間規制が労働者個人によって適法に放棄された場合においても，客観的な制限（outer limit）がその条件として指定される必要がある[33]。

第 2 に，「労働時間の測定対象外労働（unmeasured work）」というデロゲーションについてである。労働時間の測定対象外労働は，業務の特殊性から労働の連続時間が測定できない，または，労働者自身が労働時間を測定しうる場合に，年次有給休暇の規定を除き労働時間に関する規制が適用除外されるもので，EU 労働時間指令17条1項に定められている[34]。これは，EU 基本権憲章31条2項が，すべての労働者に権利を保障していることと整合しないし，また，EU 基本権憲章31条2項の諸権利が安全衛生をその基礎においていることを前提とすることから，労働時間の測定対象外労働のデロゲーションは，EU 基本権憲章の同条項とも整合しない，という主張がみられる。これらの主張に対して，Bogg は，他の基本権（団結権，団体交渉権）の保障との整合的な解釈という観点から，労働組合との団体交渉とその結果としての労働協約の締結を条件としたデロゲーションを認めるべきである，と主張する[35]。

ただし，ここでの労働協約は，全国レベル，地域レベル，あるいは産業レベルで締結されるものである，とされていることには留意すべきである[36]。それは，立法政策としてそのようなデロゲーションを認めるための条件として議論されていることによる。このような Bogg の議論は，立法政策において，他の基本権，とりわけ重要な労働者の労働基本権との調整の仕方を示したものといえるであろう。

(2) McCann の議論　　次に，Deirdre McCann の議論をみていく。McCann は，第 1 に，労働時間の合理的な制限に対する権利に関わって，ILO の労働

---

33) A. Bogg, 'Article 31' in S. Peers et al., eds., *The EU Charter of Fundamental Rights A Commentary* (2014, Hart Publishing), p. 865.
34) イギリスは，この労働時間指令17条1項の規定と同じ内容の規定を，1998年労働時間規則 Reg. 20(1) において国内法化している。この点については，有田謙司「イギリスのホワイトカラーの労働時間制度」世界の労働56巻2号（2006年）10頁，13-15頁を参照。
35) A. Bogg, supta note 33), pp. 865-866.
36) Ibid., p. 866.

時間等に関する条約・勧告を EU 基本権憲章31条と同じ内容の基本権を保障するものと再評価する[37]。そして，McCann は，ILO の条約・勧告適用専門家委員会も，そのような認識を示していることを示す[38]。

第２に，McCann は，他の人権保障との相互作用について，具体的には，強制労働の禁止（EU 基本権憲章５条２項）と労働時間の上限に対する権利に関わる時間外労働規制について，議論を展開している[39]。この議論によれば，人権としての強制労働の禁止の規範内容の再構成を行い，人権を定めた文書によって伝統的に表現されてきた問題に比して強制の度合いを希釈することによって，強制的時間外労働（mandatory overtime work）を強制労働（forced labour）の禁止に反するものとみるべきものとされる。そのように解することで，労働者は，時間外労働を拒否する権利を有することになり，また，宗教上の活動時間や休息等を考慮した労働時間の設定を認める必要からも，信教の自由等と労働時間を調整できる権利を有することになるのである[40]。

McCann の第２の議論は，立法政策のレベルというよりは解釈のレベルにおける他の基本権との調整の仕方を示したものと理解されるかもしれない。しかしながら，この McCann の議論は，Bogg が指摘するように，イギリスの1998年労働時間規則において認められている労働者との個別合意による労働時間の上限規制の適用除外を認めるオプト・アウト（opt-out）について[41]，当該労働者の同意は，真に自由な意思で，情報を十分に提供された上で，明確になされる必要があること，および，契約開始時や試用期間中に誘導されてなされたような同意を有効なものとしないように，同意がなされる時期に制限をかけることが必要である，ということを示唆するものでもある[42]。その意味において，

---

37) D. McCann, 'Decent Working Hours as a Human Right: Intersections in the Regulation of Working Time' in C. Fenwick and T. Novitz eds., *Human Rights at Work* (2010, Hart Publishing), pp. 510-514.
38) Ibid., pp. 514-515.
39) Ibid., pp. 517-521.
40) Ibid., p. 522.
41) イギリスの労働時間規則におけるオプト・アウトについては，有田・前掲注34)論文15-16頁を参照。
42) A. Bogg, supra note 33), p. 865.

McCann の議論は，イギリスの労働時間規則のオプト・アウトの立法政策のあり方を枠づける議論とも評価できるものといえよう。

2　人権・基本権論と解雇規制の立法政策論

　イギリスにおいて，人権・基本権論の観点から，解雇規制の労働立法政策について議論を展開するのは，Collins である。Collins は，1961年ヨーロッパ社会憲章（European Social Charter），1963年 ILO 119号勧告，1982年 ILO 158号条約・166号勧告，1996年改正ヨーロッパ社会憲章によって，不公正に解雇されない権利（right not to be unfairly dismissed）は，基本権として承認されている，と主張する[43]。そして，Collins によれば，不公正に解雇されない権利は，他の社会的および経済的権利を保護するための法的場を提供するという点において，枢要な役割を果たすものである[44]。イギリスでは，1971年労使関係法（Industrial Relations Act）に規定されて以来，不公正に解雇されない権利が制定法において定められている（以下，「不公正解雇法制」と呼ぶことにする[45]。）。

　Collins は，不公正に解雇されない権利の規範的根拠を，「労働は商品ではないの原則（labour is not a commodity）」，これと同じ規範内容を有するとする個人の尊厳（dignity）と自律（autonomy）の原則（権利）に求める[46]。それは，解雇により労働者に生ずる損失，すなわち，仕事をすることによって可能となる知的あるいは肉体的な挑戦ができなくなること，地域共同体の中での評判の喪失，汚名の感覚，（社会からの）拒絶感，自己喪失感といったことを解雇がもたらすことのためによるものである。

　そして，Collins は，不公正に解雇されない権利の意義について，次のよう

---

43) H. Collins, *Nine proposals for the reform of the law on unfair dismissal* (2004, Institute of Employment Rights), pp. 1-2.

44) Ibid., pp. 2-3.

45) 現在は，1996年雇用権利法（Employment Rights Act 1996）94条以下に定められている。イギリスの不公正解雇法制については，小宮文人『現代イギリス雇用法』（信山社，2006年）226-245頁等を参照。

46) H. Collins, *Justice in Dismissal* (1992, Oxford University Press), pp. 15-16. Collins, supra note 30), p. 254 では，労働権も不公正に解雇されない権利を規範的に基礎づけるものとしている。

に論じている。使用者は，雇用契約に基づく権限を行使する正当な経済的理由がある場合に限り，解雇をすることができる[47]。これを個人の尊厳という観点からみれば，使用者は，事業の目的と方法にふさわしい合理的な人事政策（manpower policy）を採用し，それに基づいて，雇用を終了させる決定が，適切かつ十分な理由に基づくものであることを求められることになる[48]。また，個人の自律の観点からみれば，法は，人々が自らの人生を労働を通して意味あるものとする機会が強められるような労働の社会的構造を促進する役割を有する。そのような目標を達成する仕事の構造は，雇用が安定していること，昇進の機会があること，多様な挑戦の機会があること，労働者の発意，といったものを提供するようなものである[49]。

　上述のような議論を前提にして，Collins は，基本権としての不公正に解雇されない権利の観点から，イギリスの不公正解雇法制の立法政策について次のような議論を展開している。基本権としての不公正に解雇されない権利という観点からすれば，使用者によって提供される金銭の額がどれほどのものであれ，不公正解雇に対する権利を放棄することを労働者に認めることはできない[50]。したがって，不公正な解雇に対する社会的権利を保障しているといえるような適正な補償金の支払いが命ぜられるようにすべきことになる。このことから，補償裁定（compensatory award）への上限額の法定は廃止されるべきものとなる[51]。また，補償裁定の額の判断基準としての「公正かつ衡平（just and equitable）」の中に，解雇に起因する労働者の精神的損害を含めるべきこととなる[52]。Collins

---

47) H. Collins, supra note 43), p. 2.
48) H. Collins, supra note 46), p. 17.
49) Ibid., p. 19.
50) Ibid., p. 16.
51) H. Collins, supra note 43), pp. 66-67. 現在の上限額は，78,962ポンドとされている。
52) イギリスの不公正解雇制度における金銭補償の仕組みは，基礎裁定（basic award）と補償裁定の2つのものからなり，前者は，剰員整理手当（redundancy payments）と同じ仕組みで，勤続年数に比例して計算され，後者は，「公正かつ衡平な」額を雇用審判所（Employment Tribunal）が判断して裁定することとなっており，労働者側の寄与割合によって減額されうるものとなっている（Employment Rights Act 1996, s. 123）。詳しくは，小宮・前掲注45)書236-238頁を参照。

によれば，現行のイギリスの不公正解雇法制は，これらの点で，基本権としての不公正に解雇されない権利を十全に保障するものとなっていないのである。

このような Collins の議論は，基本権としての不公正に解雇されない権利が，解雇規制立法をどのように根拠づけ，枠づけるのかを具体的に示したものとみることができる。とりわけ，基本権としての不公正に解雇されない権利が，金銭補償の枠組みに対して適切かつ相当なものとすべきとの規範的制約を提供する点については，注目すべきである。

V　イギリスにおける労働立法政策と人権・基本権論の特徴と意義

それでは，以上にみてきたイギリスの学説における労働立法政策に関わる人権・基本権論の特徴とその意義について述べることで，本稿のまとめにしたい。

第1に，労働立法政策が効率的な労働市場の形成をその基準としてきたイギリスにおいては，その効率性に傾いた，バランスを欠く労働立法政策（規制緩和・緩やかな規制）に対抗するべく，学説において，人権・基本権論が展開されているという点に，その特徴を見いだすことができる。換言すれば，市場原理主義へ対抗するものとして，学説が議論を展開しているものといえよう。とりわけ，市場秩序のための基本的ルールの漸進的な再検討の可能性を開く私法の憲法化論を前提とした，Collins の労働法の憲法化の議論は，市場原理主義に対抗する基礎理論としての人権・基本権論として，位置づけられ，理解されるべきものであろう。

第2に，1998年人権法以外に人権・基本権を定める実定（憲）法を有しないイギリスにおいては，EU基本権憲章等を参照しつつ，人権・基本権，とりわけ社会権の再構成を図ることが，学説の議論の中心となっていることを，その特徴点と指摘できる。このような特徴点からみたとき，イギリス労働法学における人権・基本権論は，労働法を権利の体系として構成すべきことを示しているように思われる。このことは，また，人権・基本権保障の趣旨に適合的な労働立法政策が要請されることを意味していよう。具体的には，Collins が，基本権としての不公正に解雇されない権利の保障の観点から，イギリスの不公正

シンポジウム（報告②）

解雇法制の立法政策上の問題点の分析しているところに示されている。また，McCann の議論にみられるような，人権としての強制労働の禁止の規範内容の再構成を行い，人権を定めた文書によって伝統的に表現されてきた問題に比して強制の度合いを希釈することによって，強制的時間外労働を強制労働の禁止に反するものとみるべきものと解することで，労働時間の上限に対する権利に関わる労働者の時間外労働を拒否する権利を導出するといった，他の人権保障との相互作用により権利保障の内容の再構成を図る議論も，労働法を権利の体系として構成すべきことを示しているものと理解できよう。さらには，基本権保障の観点（その普遍性）からデロゲーションに対する制限を検討すべきとの Bogg の議論も，労働法を権利の体系として構成すべきとの理解を前提とするものいえよう。

　第3に，イギリスにおいては，Collins の現代的なシティズンシップ論にみられるように，社会権と自由権等を包摂する概念を構築しようとする理論的な試みがなされていることも，その特徴点とみることができる。このような理論的展開は，労働者の権利と使用者の権利との衝突とその調整という役割を基本権（社会権）が果たすとの認識の下に，人権・基本権論を労働立法政策につなぎ，競合する人権・基本権を調整するための戦略的概念としての，また，人権・基本権の主体である労働者の多面性（市民，消費者，生活者としての労働者）を包摂する概念としての現代的「シティズンシップ」概念へと再構成を行う試みである，といってよいのではなかろうか。このことは，現代社会の変化の諸相を捉えた人権・基本権論を展開する必要が今日的な課題であることを示しているように思われる。

　〔付記〕　本稿は，西南学院大学研究助成制度の助成を受けた研究成果である。

（ありた　けんじ）

ドイツ労働法における立法政策と人権・基本権論
―― 最近の立法動向を中心に ――

川 田 知 子

(中央大学)

I　はじめに

　2010年以降，ドイツの経済は奇跡的に回復し，失業率は東西ドイツ統一後，最低水準で推移している。ドイツの経済回復をもたらした要因の一つとして，2002年から2005年に第2次シュレーダー政権のもとで行われた一連の労働市場改革，いわゆる「ハルツ改革」があったといわれている[1]。ハルツ改革については，経済の回復や失業率低下という効果をもたらしたとの評価がある一方で，派遣労働など低賃金・不安定雇用の増加によって，所得格差と貧困が急速に拡大したと批判する声もある。

　このような問題に加え，現在，ドイツは，経済のグローバル化およびEU統合による欧州化のなかで，欧州連合の活動領域の拡大の影響を受けるという外的圧力にさらされている。また，国内では，市場のグローバル化に伴う多国籍企業の活発化という国内の圧力を受けるとともに，少子高齢化による人口構造の変化，女性労働者の増加とその活用，さらに，デジタル化などの労働世界の変化に直面している。このような労働環境の変化に対して，ドイツは将来ある

---

[1]　ハルツ改革については，橋本陽子「第2次シュレーダー政権の労働法・社会保険法改革の動向」学習院大学法学会雑誌40巻2号（2005年）200頁以下，名古道功「ドイツ労働市場改革立法の動向―ハルツ四法と労働市場改革法を中心に」金沢法学48巻1号（2005年）101頁以下参照。ハルツ改革の評価及びその後の動向については，橋本陽子「ハルツ改革後のドイツの雇用政策」日本労働研究雑誌647号（2014年）51頁以下，中内哲「ドイツにおける失業者支援制度」海外社会保障研究183号（2013年）17頁以下，労働政策研究・研修機構「フォーカス　ドイツ・ハルツ改革の功罪」（2014年11月号）50頁以下参照。

べき労働の姿をどのように描き，政策に反映させているのだろうか。

そこで，本稿では，ハルツ改革から現在の第3次メルケル政権下における労働立法政策への政策転換を概観したうえで，いかなる基本理念のもとで現在の労働立法政策をめぐる議論が展開されているのかについて論じることとする。なお，本稿では，ドイツ労働法における立法政策の視点から基本権を論じるが，紙幅の都合上，最低賃金法と労働者派遣法という最近の労働立法に限定して論じることとする。また，本稿では，集団的労働関係や手続的規制，職場における人権・基本権侵害をめぐる個々の問題は対象外とするが，労使自治や協約規制については必要な限りで触れることとする。

II 政策理念の転換と労働条件規制手段の変化

1 政策理念の転換

ドイツでは長年，伝統的に労働者保護を重視し，失業者に対して手厚い失業給付によって支援するという労働政策が採られてきた。しかし，グローバル化による国際的な競争環境の変化のなかで，失業率の高止まりや硬直的な労働市場の改革によって，労働市場の活力を取り戻し，ドイツ経済の競争力を高めるために，2000年代前半にハルツ改革に着手した。もっとも，前述したようにハルツ改革は，低賃金・不安定雇用の増加による所得格差や貧困の拡大など，雇用の質の悪化を深刻化させた。

このような労働市場改革によって生じた問題に対して，2000年代半ば以降，ドイツをはじめとする欧州各国は，「フレクシキュリティ」の名のもとに，「労働法の部分的な柔軟化」と「労働法・社会保障法による労働者への保障」を統合した新たなコンセプトを主張し，実施してきた[2]。しかし，フレクシキュリティ政策は，解雇制限の緩和などの柔軟な労働法制が重要な役割を果たす場合には規制緩和と相通じるところがあり，また，実際には，労使間の交渉力の不均衡によって，フレキシビリティーの要素だけが一面的に強調される可能性があ

---

2) 柳沢房子「フレクシキュリティ――EU 社会政策の現在」レファレンス700号（2009年）8頁以下参照。

る。ドイツでも，フレキシビリティー中心の政策でむしろセキュリティーが侵食されていくことを危惧する声が高まり，政策転換を図る試みが主張されようになった。

　このような状況のなか，第3次メルケル政権は，2013年の「連立協定」において，「我々が目指すのは，協約自治の強化である」として，多岐にわたる立法政策の提案を明記した。同協定書は，「良質の労働（Gute Arbeit）は，一方において，正しく報いられ，生存を保障するものでなければならない」，また，「一般的拘束力ある最低賃金の導入は，適正な最低保護を労働者に対して保障するための手段である」と述べて，「協約強化」と「良質の労働（Gute Arbeit）」を現在のドイツの労働立法政策の中心に位置づけている。

2　「Gute Arbeit」の起源と内容

(1)　「Gute Arbeit」の起源　「Gute Arbeit」は，2000年代に入ってから労働組合がスローガンとして掲げるようになったが，それにとどまらず，最近は，政府の政策文書にも登場するようになった。もっとも，「Gute Arbeit」は今に始まったことではなく，その根源は，1970年代に展開された「労働の人間化（Humanisierung der Arbeit）」にあるといえる。

　ドイツでは，1970年代にILOが積極的に推進し，世界的に影響を及ぼした「労働の生活の質的向上（Quality of Working Life: QWL）」と一線を画したドイツ独自の「労働の人間化」論議が活発に展開された。戦後の高度経済成長期に先進諸国は物質的福祉を飛躍的に増大させたが，生活の質的側面や人間の労働を取りまく環境は悪化した。こうした状況のなか，人間生活の質的向上をはかり，生活において人間性を回復するためには，労働生活の人間化が不可欠であることや，労働条件の改善および「人間に合った労働の形成」が重要であることから，「労働の人間化」のための理論や政策について積極的な議論が展開されるようになった。

3）　西谷敏『労働法の基礎構造』（法律文化社，2016年）2頁。
4）　川田知子「ドイツにおけるGute Arbeitと法定最低賃金」『山内惟介教授退職記念論文集』法学新報123巻6号（2016年）148頁以下。

シンポジウム（報告③）

　「労働の人間化」は，1990年代後半から2000年代初頭にかけて，「労働の未来（Zukunft der Arbeit）」や「労働の新たな質（Neue Qualitat der Arbeit）」という政策構想に継承された。これは，労働世界全体が大きく変化しようとする現代において，生産における根本的な変化や社会的精神性の動きを背景とした労働の諸条件や形態の変化をとらえなおし，労働世界のあるべき姿やその将来像について問い直すことを求めるものである。

　最近では，1999年にILOが「ディーセント・ワーク（decent work）」という新たな理念を21世紀の目標として掲げ，(1)雇用の促進，(2)社会的保護の方策の展開及び強化，(3)社会的対話の促進，(4)労働における基本的原則及び権利の尊重，促進及び実現の4つの戦略目標を通して実現されると位置付けている。

　(2)　「Gute Arbeit」の内容　　「Gute Arbeit」は「ディーセント・ワーク」を指向するものであるといわれるが，その具体的内容は明らかではない。2006年に「働き方変革プログラム（INAQ: Initiative Neue Qualität der Arbeit）」が行った調査によると，従業員が求める「Gute Arbeit」は，「固定給」(93%)，「職場の保障」(88%)，「労働に楽しみを見出せること」(85%)，「上司から人として扱われること」(84%)，「期間の定めのない労働関係」(83%)，「仲間意識」(76%)，「職場における健康保護」(74%)，「労働に意義を見出せること」(72%)，「労働を誇らしく思えること」(73%) などが挙げられている。また，2013年にドイツ金属産業労働組合が行った従業員アンケート「Gute Arbeitとしてあな

---

5)　小林甲一「「労働の人間化」の展開と社会政策—労働をめぐるドイツ社会政策の構造転換」名古屋学院大学論集社会科学編44巻4号（2008年）3頁参照。

6)　ドイツでは，連邦政府，州政府，社会保険機関，労働組合，研究機関，民間企業などの組織が共同して「働き方変革プログラム（INAQ）」という運動を展開している。INAQは，労働の新たな質の追求が将来にとって重要でかつ共通の課題であるとの認識のもとに「安全，健康，競争力—労働の新しい質を求めて—」という共通テーマを，関係する人達で実現していこうという運動であり，仕事の内容の見直し，雇用者と従業員のパートナーシップによる協力，職業教育と生涯教育，健康の維持と人間のニーズに対応した仕事の環境，よりフレキシブルな働き方への変革，家族と仕事の調和などを追求している。社団法人日本テレワーク協会『テレワークの推進のための調査研究報告書』（平成19年3月）13頁。

7)　"Was ist gute Arbeit？— Anforderungen aus der Sicht von Erwerbstätigen" INQA-Bericht Nr.19 Dortmund/Berlin/Dresden 2006, S.12.

たは何を重視するか」との質問に対して,「十分な収入」,「期間の定めのない労働契約」,「良い職場の雰囲気」,「興味ある仕事」,「計画可能な労働時間」などの答えが挙げられている。この２つの調査結果から,「Gute Arbeit」は,①良質の賃金（最低限度の生活が保障される賃金にとどまらず,人間の尊厳が保障された賃金,適正・公正な賃金),②安定した労働（期間の定めのない雇用関係),③人間らしい労働（過重労働の是正,家庭生活と職業生活の調和),④教育訓練機会の保障など,労働生活のあらゆる場面にあてはまる概念として把握されている。これは,1999年にILOが21世紀の目標として掲げた「ディーセント・ワーク（decent work）」と類似するものであり,「Gute Arbeit」は「ディーセント・ワーク」を指向するものと位置付けられる。

　もっとも,「ディーセント・ワーク」はもともと家事労働や児童労働などの問題に対して,「働きがいのある人間らしい仕事」とは何かを問うところから出発したものであり,人間らしい生活を継続的に営むことが出来る人間らしい労働条件にスポットを当てたものとなっている。他方,「Gute Arbeit」はそれにとどまらず,労働者の生活に及ぼす影響や,労働を取り巻く周辺領域に波及する効果をもつものとしてドイツでは論じられている点に特徴があるように思われる[8]。

3　労働条件規制（規整）における国家の役割と立法政策

　このように,現在ドイツ政府が「Gute Arbeit」を目指して労働立法政策を進めているが,その背景には,ドイツの協約システムが弱体化したことにより労働条件規制（規整）における国家の役割が増大している点を指摘することができよう。最近の労働政策立法をみると,一つは,一般的拘束力宣言の改正や

---

[8]　2015年10月24日に筑波大学東京キャンパスで行われたシンポジウム「良質の教育と労働をすべての人に―家族はなぜ良質の教育と労働を求めるのか？」において,ドイツでは現在200万人以上の子どもたちが貧困の中で育っているが,親が労働市場にアクセスできていないことがその主たる原因であること,労働市場へのアクセスだけではなく,そこで良質の労働の機会を得ることが求められていること,そして,子どもの貧困や若者の非正規雇用化を防止するために「良質の労働」が重要であることが主張されていた。http://kazoku-shakai-law.jp/wp-content/uploads/2015/09/shoshikorei_flyer_20151024.pdf.

協約単一法のように、協約システムの維持・強化に向けた積極的な支援としての方向性を有しているものがある。もう一つは、直接的な規制（規整）主体として国家が介入する形態であり、最低賃金法や労働者派遣法の改正がある。ここにおいて、国家はいかなる観点から労働条件の適正さを確保すべきかが問われているが、立法政策において重要なのは、法律によって基本権を具体化・内容形成する点にある。同時に、法定最低賃金の導入のように国家による「介入」としての方向性も有する立法政策については、競合する基本権との関係（労使自治や職業選択の自由など）も考慮にいれる必要がある。さらに、立法政策においては、労使のコンセンサスのもとで労働政策を実現することが重要であり、ドイツではGute Arbeitがそれにあたるといえよう。このように、現在ドイツでは、「協約の強化」と「Gute Arbeit」を目指した政策とのバランスをいかにとるかが立法政策の課題となっている。

Ⅲ 労働立法政策における基本権の「相克」と「調整」

1 最低賃金法と基本権の関係

2014年8月11日に「協約自治強化法（Gesetz zur Stärkung der Tarifautonomie）」が制定され、同法に基づいて、2015年1月1日から全国・全産業一律の法定最低賃金制度を導入する「最低賃金法（Mindestlohngesetz）」が施行された[9]。同法は、賃金ダンピングから低賃金労働者を守り、フルタイム労働にも拘わらず社会給付に頼らざるを得ない労働者、いわゆる「ワーキング・プア」を減らし、社会保障制度の安定性を高めることを目的とする。

（1） 最賃法と基本法9条3項　当初、ドイツでは、最低賃金制度の導入の是非をめぐって激しい議論が展開された。最低賃金法の賛否に関する議論の中心は、同法が協約自治（基本法9条3項）に対する不相当な介入であり、違憲の疑いがある、という点にある。

9） 2014年8月11日に「協約自治強化法」が成立した。同法は「条項法」（法規の新設および既存の法規の改正を一括して規定する法律）であり、第一章に「一般的最低賃金規制に関する法律」（最低賃金法［MiLoG］）、第五章に「労働協約の改正」が置かれている。

もともと，ドイツは，ワイマール時代およびナチス期における国家による賃金政策の介入に関する否定的経験から，第2次大戦後は国家による最低賃金の規制を置かず，協約自治を重んじて，賃金額の決定を労働協約に委ねてきた[10]。しかし，伝統的な連邦憲法裁判所の判例によれば，基本法9条3項は，労働者と団結に対して，内容上制限のない，あるいは制限され得ない行為の自由全般を保障しているわけではなく，第三者の基本権や他の憲法レベルにおいて賦与された権利との関係で一定の制限が認められている[11]。そのため，法定最低賃金の導入による協約自治への介入については，基本法2条1項と結びついた同法1条1項（人間の尊厳の実現）や，職業の自由（基本法12条）及び社会国家原則（同法20条）の形成によって正当化される，とする指摘がある[12]。

　(2) 最賃法と基本法12条　　また，最低賃金法は，基本法12条1項が保障する「職業の自由」に違反する可能性も指摘されている。しかし，「職務の遂行は法律によって，または法律の根拠に基づいて規制することができる」（同条同項2文）ため，「公共の福祉」を理由に，それが合目的的であるとみなされる場合には制限することができる。この点，法定最低賃金は，①正当な目的を有しており，②目的を達成するために必要最小限のものであって，③それによって得られる利益が侵害される利益を上回っている（もしくは均衡している）ことから，基本法12条1項には違反しないと考えられている[13]。

---

10) 橋本陽子「ドイツにおける最低賃金法制定の動き―EU拡大による国際的労働力移動の促進と「協約自治」」国際商事法務34巻12号（2006年）1585頁。労働協約の賃金規制に対する強い信頼を共有する労働組合と使用者団体は，労働協約によって労働者の生存を維持する賃金水準は十分に保障されるから，法定最低賃金は不要であり，むしろ，それは協約自治への国家の介入として警戒されるべきものであった。岩佐卓也『現代ドイツの労働協約』（法律文化社，2015年）130頁以下。
11) 名古道功「大量失業・グローバリゼーションとドイツ横断的労働協約の「危機」」金沢法学43巻2号（2000年）65頁以下。
12) Andreas Fischer-Lescano, Verfassungs-, völker- und europarechtlicher Rahmen für die Gestaltung von Mindestlohnausnahmen (Gutachten im Auftrag des WSI und des DGB), 2014, S. 10f.
13) Andreas Fischer-Lescano, a. a. O., S. 5ff.

シンポジウム（報告③）

（3）最賃法と最低限度の生活の保障を求める基本権　他方，最低賃金法は労働による生存保障のための法的な枠組みであり，継続的に安定した社会保障システムを維持するために必要であるとして，最賃法を正当化するものがある[14]。前述した2013年連立協定は，「良質の労働（Gute Arbeit）は……正しく報いられ，生存を保障するものでなければならない」と述べており，これを受けて，連立政権は，「Gute Arbeit」の実現には最低限度の生活を保障する法定最低賃金の導入が必要であるとした。その意味において，最低賃金法は，「最低限度の生活の保障を求める基本権」を法律によって具体化したものといえる。

それでは，「最低限度の生活の保障を求める基本権」について，ドイツ基本法はどのように規定しているのか。

ドイツの憲法学は，以前より，「人間に値する生存（menschenwürdiger Dasein）の保障」や「最低限度の生活（Existenzminimum）の保障」と，基本法1条1項の「人間の尊厳（Menschenwürde）」との間には密接な結びつきがあると理解してきた。連邦憲法裁判所は，2010年の「ハルツⅣ判決」において，基本法20条の社会国家原則と結びついた基本法1条1項を根拠として，「人間に値する最低限度の生活の保障を求める基本権」の存在を明示的に承認している[15]。これを受けて，最低賃金法は「人間にふさわしい労働条件を保障」するものであり，社会国家原則（基本法20条1項）を反映した「人間の尊厳」（同法1条1項）によって要請される，と主張されている[16]。

14）ヴァルターマンは，低い賃金がその帰結として高齢者の生活保障に影響を及ぼすことや，税金から低賃金セクターに補助金が支払われ，市場が歪曲化してしまうこと，さらに，現在生じている労働コストが次世代に先送りされてしまうことなど，を指摘する。「法定最低賃金はなぜ必要なのか？―ドイツにおける議論＝ライムント・ヴァルターマン／解題・翻訳　岩佐卓也」労旬1859号（2016年）6頁以下。

15）連邦憲法裁判所は，ハルツⅣ改革に基づく新たな社会保障制度のもとでの，成人および14歳未満の子どもの生計維持のための基準給付額が基本法に適合しているか否かについて，基本法20条の社会国家原理と結びついた基本法1条1項を根拠として，人間に値する最低限度の生活の保障を求める基本権を明示的に承認した（いわゆる，「ハルツⅣ判決」）。Urteil vom 09 Februar 2010-1 BvL 1/09. 玉蟲由樹「人間の尊厳と最低限度の生活の保障」福岡大学法学論叢56巻4号（2012年）479頁以下参照。

16）Andreas Fischer-Lescano, a. a. O., S. 5ff.

また，従来から，連邦憲法裁判所は，「労働が，労働者の人格を発展させ，人格の尊重と自尊心を手に入れることを可能にする」ということを繰り返し確認している[17]。これを踏まえて，基本法2条1項の「人格の自由な発展」の基本権は，法定最低賃金によって保障されると解されることから，最低賃金法は，「社会国家原則」と結びついた「人格の自由な発展」（同法2条1項）によっても根拠づけられる，とされている[18]。

　以上の検討から，最低賃金法は，社会国家原則という国家目標規定の内容形成であって，社会国家原則を反映した「人間の尊厳」という基本権保障の趣旨に適合的な立法政策であると同時に，「Gute Arbeit」を実現するための法規制の代表例であるといえよう。また，最低賃金法と協約自治の関係については，以下のように説明することができるだろう。すなわち，賃金を規制する権限は原則として労使に委ねられていること，したがって，国家の介入は，組合が有効な賃金協約を締結できない場合に，公益的な見地から補完的になされるものであること，もっとも，例外的に国家の介入が行われる場合でも，労使の提案にもとづいて任命される最低賃金委員会が最低賃金額の決定を行う，と。このような方法で，国家の介入による最低賃金法と協約自治との整合性を図っていると考えられる。

2　労働者派遣法と基本権の関係

(1) 派遣規制強化の必要性と基本権との抵触　2016年6月，ドイツ連邦政府は，「労働者派遣法等の改正に関する法律案」を閣議決定した（以下，「改正

---

17) また，連邦憲法裁判所によれば，労働者の職業活動は，労働が労働者の人格を発展させ，人格の尊重と自尊心を手に入れることを可能にするということを繰り返し確認している。連邦憲法裁判所2002年3月24日判決は，「労働によって，個人は尊厳と自尊心を手に入れる。それゆえ，法律による報酬基準は，基本法1条1項及び2条1項による目的も顧慮しうる」とする。このことからも，法定最低賃金の目的は，基本法20条1項の社会国家原則と結びついた同法2条1項によっても根拠づけられるといえる。同条が保障する「人格の自由な発展」についての労働者の権利は，法定最低賃金によって保障されると解される。
18) 最低賃金法の立法理由書も，法定最低賃金は，基本法2条1項や同法20条1項に基づく「公正性の要請」を満たさない報酬によって労働者が雇用されることを防止するものと述べている。

法案」という[19]）。最低賃金法と同様，この改正法案も，「連立協定」において提案されたものの一つであり，改正法案の柱は，派遣の上限期間の再規制と均等待遇原則の強化にある。もっとも，派遣の上限規制は派遣の積極的利用を阻害したり，派遣元や派遣先の職業の自由を妨げたりすることや，均等待遇原則の強化は協約自治の原則や契約自由の原則に抵触する可能性がある。

　そもそも，ドイツではなぜ労働者派遣法の規制強化が必要とされているのだろうか。ドイツでは，労働者派遣は労働市場における需給調整機能を果たす一方で，低賃金かつ不安定な派遣労働者の処遇，常用代替，派遣の長期間の濫用的な利用，偽装請負などが問題になっている。その原因として，数度にわたる労働者派遣法の規制緩和や，東欧及びEU諸国から低賃金の外国人労働者が大量に流入したことによる賃金ダンピングなどが指摘されている。派遣労働をめぐるこのような問題を解決するためには特別な保護が必要である。国家は，「社会国家原則」（基本法20条１項）にもとづき，労働法の内容形成を行う広範な立法裁量が認められているが，派遣労働者の特別な保護は，同時に，企業の職業の自由やその他の基本権と抵触するため，これをどのように「調整」するかが問題となる。

(2) 派遣の上限規制　派遣の上限規制は，当初，「常用代替の防止」を目的としていたが，改正法は，「濫用的利用の防止」という労働者保護をも目的に加えている。しかし，派遣の上限規制は，派遣の利用を制限し，企業の職業の自由を侵害するおそれがあり，これまでドイツの労働者派遣法改正における重要な論点になってきた。

　派遣の上限規制は派遣法の歴史とともにある。かつてドイツでは，職業紹介の国家独占にもとづき，民営職業紹介事業は禁止されていた。しかし，連邦憲法裁判所は1967年４月４日の決定において，①労働者派遣業は職業紹介の禁止に含まれないこと，②派遣元と派遣労働者との間に継続的な法律関係があること（存続保護），③派遣には経済的有用性があることから，派遣を禁止することは基本法12条１項で保障された「職業（営業）の自由」に反し，違憲であると

---

[19] 山本陽大＝山本志郎「ドイツにおける労働者派遣法および請負契約の濫用規制をめぐる新たな動向」労旬1872号（2016年）36頁以下。

判断した。

この違憲判決を受け，1972年に制定された労働者派遣法は，「常用代替」を防止するため（派遣先の基幹労働者の存続保護のため）に，派遣期間の上限を3か月に設定した。しかし，その後（1985年以降），上限規制は徐々に緩和され，2002年の労働市場改革法によって全面的に撤廃された。派遣労働者の雇用の安定や常用代替防止という目的は後退し，「失業対策」という「公益」目的を前面に出して，派遣労働を促進するようになった。まさにドイツ労働者派遣政策の転換点であったといえよう。

もっとも，その結果として，一部の派遣労働において長期の濫用的な利用が社会問題化し，それを防止するべく，2011年改正派遣法は，「派遣先への労働者の派遣は一時的に行われる（労働者派遣法1条1項2文）」こととした[20]。これを受けて，2013年連邦労働裁判所は，期間無期限の派遣の受け入れを違法と判断したが[21]，このなかで，派遣の利用を一時的なものに規制することは「公共の福祉」の十分な理由によって正当化されること，そのような規制は労働者の保護に役立つこと，また，期間無制限の労働者派遣を法律上禁止することは，適切かつ必要なものであり，狭い意味では相当な手段である，と判断した。「労働者派遣の濫用を防止する」という公益目的によって，無制限の派遣を防止すること，すなわち，派遣を一時的なものとすることは正当化されることを明らかにしている。

2016年6月に閣議決定された改正法案は，労働者派遣は一時的なものとして，上限期間を最長18か月と設定し，例外として，労働協約等による逸脱を許容している。規制の強化をしつつ，他方で，派遣先での労働力利用の柔軟性に配慮し，協約による逸脱を認めることによって両者のバランスを図ろうとするものと理解できよう。

---

20) 2011年派遣法改正については，川田知子「ドイツ労働者派遣法の新動向」『近藤昭雄教授退職記念論文集』法学新報119号5＝6号（2013年），高橋賢司『労働者派遣法の研究』（中央経済社，2014年），本庄敦志『労働市場における労働者派遣法の現代的役割』（弘文堂，2015年）参照。

21) BAG Beschluss v. 10.7.2013, NZA 2013, S. 1296.

シンポジウム（報告③）

（3）　均等待遇原則と基本権　　労働者派遣法上の均等待遇原則は，派遣元に対して，派遣先への派遣期間中につき，派遣労働者へ当該派遣先事業所における比較可能な労働者に対して適用されている基本的労働条件を付与すべきことを義務付けている。同原則は，派遣労働者に適正な報酬を保障するものであると同時に，協約自治（9条3項），契約自由の原則（2条1項），職業の自由（12条1項），平等原則（3条1項）との抵触が問題になる。この点，2004年12月29日連邦憲法裁判所は，派遣労働者の処遇の改善，失業対策という公益目的や，労働協約で「別段の定め」をする余地が認められている点を重視して，均等待遇原則の合憲性を認めている。[22]

しかし，実際には，その後，協約によって均等待遇を逸脱する濫用事例が増加したことから，[23] 2010年12月14日，連邦労働裁判所は，ドイツ労働組合総同盟（DGB）などの労働組合よりも低い条件で労働協約を締結していたキリスト教派遣人材労働組合（CGZP）の労働協約締結能力（資格）を認めず，当該労働協約を無効と判断した。[24]

このような問題を解決するために，均等待遇を強化する必要性が主張されるようになり，2011年派遣法改正において，派遣労働者の最低賃金が導入され，[25] また，2016年改正法案は，「良質な労働（gute Arbeit）に対し，公正な（fair）賃金が支払われる」ことを目的に，均等待遇を強化しようとしている。改正法案は，従来無制限に認められていた，労働協約による均等待遇原則からの逸脱

---

22)　BVerfG, v. 29.12.2004, AP Nr. 2 zu §3 AentG. 川田知子「ドイツ労働者派遣法における均等待遇原則の憲法適合性」亜細亜法学44巻1号（2009年）191頁以下。
23)　シュレッカー社は，経営上の理由にもとづいて複数の支店を閉鎖し従業員をいったん解雇した後で，元幹部が所有する人材派遣会社を通じてこれらの従業員を派遣労働者として新規店舗に雇い入れて，そこで安価な賃金で働かせていることが大きな社会問題となった。緒方桂子「ドイツにおける労働者派遣をめぐる新たな動き」労旬1748号（2011年）22頁以下，同「派遣労働における均等待遇原則と労働組合の協約締結能力の有無——2010年12月14日連邦労働裁判所決定について」日独労働法協会会報12号（2011年）21頁以下。
24)　緒方・前掲注23)論文「派遣労働における均等待遇原則と労働組合の協約締結能力の有無」21頁。均等待遇原則と労働組合の協約能力をめぐる問題と学説の紹介については，川田知子「ドイツ労働者派遣法における均等待遇原則の機能と限界」季労225号（2009年）111頁以下。
25)　川田・前掲注20)参照。

が可能な期間を，派遣先への派遣開始から9か月以内に制限しつつ，その例外として，労働協約等によって9か月を超えて，均等待遇原則から逸脱する手段を許容している。

このように，均等待遇原則を強化することによって，協約自治や私的自治への侵害が再び問題になる可能性もあるが，改正法案は，一方で，均等待遇原則の強化によって派遣労働者の保護を図りつつ，他方で，協約による均等待遇原則の逸脱を許容することによって，協約自治や私的自治の自由に配慮しており，両者のバランスを図ろうとする姿勢をみることができよう。

（4）小 括　派遣労働者の処遇や常用代替などの問題に対して，ドイツの立法者には，社会国家原則から導かれる広範な立法裁量にもとづき，派遣労働者を特別に保護するための法整備を行うことが要請されている。しかし，派遣の上限規制は，基本法12条1項との抵触が問題になることから，そのバランスを図ることも求められている。この点，2011年派遣法改正で導入された「派遣を一時的なものとする」規定は，企業の職業の自由を制約する可能性もあるが，そのような規制は「公共の福祉」によって正当化されることを，連邦労働裁判所は確認している。

また，改正法案は，「gute Arbeit（良質の労働）」に対して公正な賃金を支払うことを目的として，均等待遇原則の強化を行うこととしている。しかし，そもそも，派遣労働を良質の労働と位置付けてよいのだろうか。ドイツでも，派遣労働それ自体を「Gute Arbeit（良質の労働）」と位置付けているわけでは決してない。前述したように，ドイツでは協約による均等待遇の濫用的逸脱という苦い経験から，派遣労働者の労働条件，とりわけ賃金について，派遣先の従業員との同一労働同一賃金を実効あるものにすることが課題となっている[26]。それは派遣労働を良質の労働に近づける第一歩であり，そのために，改正法案は均等待遇原則の再規制を行おうとするものと位置付けられる。もちろん，均等待遇原則の強化は他の基本権を侵害するおそれがあるため，協約逸脱規定によ

---

[26] 川田知子「ドイツにおける「Gute Arbeit」と派遣労働―再規制に向けた新たな動き」『滝田賢治教授退職記念論文集』法学新報123巻7＝8号（2017年）。

る労使当事者の社会的パートナー関係もあわせて強化しようとしている点は注目されよう。

Ⅳ おわりに

1 国家による労働条件規制（規整）

現在，ドイツでは，これまで労働協約が担ってきた「労働条件の最低基準設定機能」を国家が一部引き受けるとともに，協約システムに対しても積極的なサポートに乗り出しているという状況にある。その典型例である最低賃金法は，社会国家原則という国家の目標規定を内容形成したものであり，「社会国家原則」を反映した「人間の尊厳」によって要請されたものであった。換言すれば，労使自治の機能が低下し，連帯によって労働者の最低限度の生活を保障することが困難な時代には，人間の尊厳や人格権を織り込んだ国家による「最低限度の生活保障」や「生存の保障」が前面に出てくる必要があり，それを立法として内容形成し，具体化したものがドイツの最低賃金法であるといえるだろう。

もう一つは，最近の派遣法改正の動向である。上限規制と均等待遇原則はともに，労働者保護のための規制といえるが，それは同時に，協約自治や企業の職業の自由，私的自治などの基本権を侵害するおそれもある。そのため，改正法案は，上限規制や均等待遇原則の強化について，協約自治を尊重し，労働者の保護と企業が有する基本権との「相克」を調整する機能を重視している点に特徴を見出すことができよう。

結局，最低賃金法のように，社会国家原則を反映した「人間の尊厳」という基本権保障の趣旨に適合的な立法政策を行うものと，他方で，労働者派遣法のように，基本権間の調整原理のバランスを図ることを重視するものと，同じ労働政策立法においても違いがあり，それは，「Gute Arbeit」の内容形成にも反映されるように思われる。

労働法は，人間らしい労働とそれを基礎にした社会の健全な発展のために，規制すべきものは断固として規制しなければならず[27]，しかし，労使双方の基本権の相克を調整するために，適度な弾力性を有していることが求められている

といえよう。

2 労働政策立法における国家の介入と労使自治の関係

労働政策立法における国家の介入と労使自治の関係については，ドイツの「社会国家原則」の「補完性原理」的発想，すなわち，国家や政府は，社会やそれを構成する個人，家族，地域社会がその必要性を満たすことが出来ない部分に限って介入すべきだ，という考え方がある[28]。社会の自治が機能していれば国家は介入しないが，社会の自治が機能していなければ，国家が積極的に介入するという意味で，国家の介入は調整役にとどまる。

前述したように，最低賃金法については労使自治との整合性が問題になるが，両者はそもそも対立するものではなく，労使自治が機能していない場合に国が「補完的」に労働条件規制（規整）を行うという関係にある。また，現在の労働者派遣法改正の動きは規制強化策のようにみえるが，派遣先での労働力利用の柔軟性に配慮して，協約による逸脱を認めている。つまり，国家による一方的な規制強化ではなく，協約逸脱規定による労使当事者の社会的パートナー関係もあわせて強化しようとしている点が重要である。

3 今後の労働立法政策

最後に，ドイツの法制度や法理論・解釈が直ちに日本の法制度や解釈方法を規定し得ないことはいうまでもない。しかし，日本とドイツは，失業対策を念頭において行われた制度改革や法改正によって，低賃金で不安定な労働者層を増大させ，社会制度そのものを破壊しかねない状況を引き起こしているという問題に直面し，それを解決するという共通の課題を抱えている。この問題を解決するために，ドイツは「Gute Arbeit」によって労働者の持続的な生活保障を可能にする枠組みを維持・強化するという方向に政策転換した。ドイツがこ

---

27) 西谷・前掲注3）書31頁参照。
28) 社会国家原則と補完性原理の関係については，山田誠「ドイツの補完性原理と自治体行財政―ドイツ型福祉国家にとっての2つの原動力」古瀬徹=塩野谷祐一編『先進諸国の社会保障④ ドイツ』（東京大学出版会，1999年）49頁以下参照。

シンポジウム（報告③）

の問題をどのように克服しようとしているかを学ぶことは日本にとっても重要な意味をもつものと思われる。

　それでは，今後の労働立法政策はいかにあるべきか。本稿では，ドイツの立法政策における基本権の「相克」と「調整」について検討した。そこでは，「新しい時代の雇用はどうあるべきか」，「現在の雇用を良質の労働にするためにどのような政策が必要か」について，政労使は共通のコンセンサス（Gute Arbeit）のもとで，「対話」を通じて労働政策を実現していた。低賃金不安定雇用や長時間労働など多くの問題を抱える日本においても，「Gute Arbeit」は労働立法政策の指針になるといえるだろう。

　また，ドイツでは，立法だけでなく，司法も法の解釈・適用において重要な役割を果たしている。例えば，ドイツの2011年労働者派遣法改正は，「派遣労働を一時的な労働である」とする原則を導入したが，「一時的」な派遣が何を意味するのか，その具体的な期間や法的効果について明記しなかった。しかし，2013年の連邦労働裁判所判決は，無期限の派遣労働の受け入れを違法として，法の欠缺を補充したと評価されている。法が明確な解決基準を示しておらず，新たな基準の創造が求められている場合や，立法機関が必要な対応をしないことによって法の空白が生じている場合には，裁判所が法創造によってその空白を埋めるしかない[29]。このように，立法に対する司法のチェック機能は，法の発展にとって重要である。

　そして，我々研究者は，立法や司法に対する要望だけでなく，裁判所の判断に追随するような法解釈にとどまるのではなく，憲法に適合的な法解釈を行い，法の発展に中心的な役割を担う必要があるといえよう。

（かわだ　ともこ）

---

29)　西谷・前掲注3)書225頁。

フランス労働法における立法政策と人権・基本権論

細 川 良
(労働政策研究・研修機構)

I　はじめに

　本シンポジウムの趣旨を端的に述べるとするならば，それは，労働法における憲法および人権・基本権の意義と機能について明らかにすることである。なかでも，労働立法および労働政策と憲法および人権・基本権との関係について検討を行うこと，すなわち，労働立法・労働政策において，憲法および人権・基本権がどのように位置づけられてきたか，どのような作用を果たしてきたか，さらには，個人あるいは企業の自由といった，他の憲法的権利との調整をどのようにして行ってきたかについて検討することである。このような趣旨を踏まえた上でフランス憲法を見た場合，その最も注目すべき特徴は，議会による立法に対して憲法院（Conseil constitutionnel）が審署（Promulgation）の前に合憲性の審査を行うという，独特の事前審査制度であると考えてよいであろう。
　そこで，本稿においては，まず基本的な前提として，フランス労働法における憲法的規範の位置づけを簡単に整理した上で（II），フランスの労働立法にかかる憲法院判例の傾向およびこれに関する議論を分析し（III），最後に，まとめとしてフランスにおける労働立法政策と憲法的規範をめぐる議論から，いかなる示唆を得ることが可能なのかについて，検討を行うこととする（IV）。

II　フランスにおける憲法的規範と労働法

　ここでは，フランスにおける憲法と労働法の関係について検討を行う基本的な前提として，そもそもフランスの労働法において，憲法的規範はどのように

位置づけられ,どのような展開をしてきたのかについて,簡単に整理をしておくとともに,本稿での検討対象を確認する。

一般に,フランスにおける労働法の法源としての憲法的規範は,1946年憲法の前文にその基礎があると説明されている[1][2]。すなわち,1946年憲法前文は,現代に特に必要な原理として,経済的権利および社会的権利を宣言しており(第2項),具体的には,雇用の権利(第5項),組合の自由(第6項),ストライキの権利(第7項)といった労働に関する基本的な権利のほか,代表者を介して労働条件の集団的決定および企業の管理に参加する権利(第8項),健康の保護・物理的安全・休息および余暇等の権利(第11項),職業教育についての機会の均等(第13項)等を宣言している。

そして,1946年憲法以降,憲法的規範が労働法に与えた影響については,おおむね以下のような3つの展開に整理することが可能である。すなわち,第一に,1946年憲法第6項から第8項で宣言された労働者の集団的権利については,ストライキに関する諸権利を導くとともに,労働組合および従業員を代表する者(représentants du personnel)を通じた使用者との交渉ないし経営への参加に関する諸制度の基礎を形成することとなった。すなわち,従業員代表委員(délégué du personnel)および企業委員会(comité d'entreprise)の制度の基礎となったほか,労働組合との団体交渉義務を定める立法の基礎となっている。第二に,労働者の市民としての基本的権利にもとづき,就業規則による使用者の権限の制約,あるいは労働者の私生活の保護が発展をすることとなった。これ

---

1) 現在のフランスにおいては,憲法ブロック(bloc de consitutionnalité)という規範の総体が,立法権の行使に際して議会を拘束する(憲法院が法律の合憲性を審査する根拠となる)と解されている。この憲法ブロックには,1958年憲法の条文および前文に加え,1789年の人および市民の権利宣言,1946年憲法前文に定める諸原則,その他憲法院が「共和国の諸法律によって承認された基本的諸原理(principes fondamentaux reconnus par les lois de la République)」が含まれるとされている(辻村みよ子 = 糠塚康江『フランス憲法入門』(三省堂,2012年)157頁以下等も参照)。
2) フランスにおける労働法の法源としての憲法の位置づけについては,さしあたりG. Auzero et E. Dockès, Droit du travail, Dalloz, 30e édition, 2015, p. 53 et s.; X. Prétot, Les bases constitutionnelles du droit social, Dr. soc. 1991. 187; A. Jeammaud, Le droit constitutionnel dans les relation du travail, AJDA 1991. 612 等を参照。

らの権利については，1946年憲法前文において宣言されていたものではなかったものの，1980年代に基本権（droit fondamentaux）概念がフランスの憲法学に取り込まれて以降，コンセイユ・デタの1980年2月1日 Peintures Corona 判決，1982年8月4日の法律による就業規則における基本権および基本的自由の尊重義務の確立を経て[3]，1992年12月31日の法律により，労働法一般における基本権および基本的自由の保障が確立されることとなった[4]。第三に[5]，1946年憲法前文の諸規定，とりわけ第5項が定める雇用の権利，第11項が定める健康および休息等の権利，第13項が定める職業訓練に関する権利は，その後の労働立法政策の基礎として発展するとともに，憲法院による憲法適合性審査において，これらの社会立法の根拠として用いられることとなったのである。

このように，フランスにおいて憲法的規範が労働法に与えた影響は多岐にわたるが，本稿においては，紙幅に限りがあることから，本シンポジウムの主旨を踏まえ，以上のうちの第三の点，すなわち，1946年憲法前文の社会的権利に係る諸規定が，労働立法政策の根拠としていかなる意義を果たしてきたのかという点について，憲法院による憲法適合性審査の傾向を踏まえつつ，検討を行うこととしたい。

Ⅲ　労働立法にかかる憲法院判例の傾向と「雇用の権利」をめぐる議論

1　フランスにおける憲法適合性審査（違憲審査）

ここでは，フランスにおける憲法院による憲法適合性審査がいかなるものであるのか，その概要を確認しておく。

フランスの憲法院は1958年の第5共和制憲法で創設されたものであり，大統領および両院議長が各3名を指名する合計9名の裁判官に加え[6]，元大統領[7]がそ[8]

3）　就業規則における基本権の尊重については，労働法典 L. 1321-3 条 2 号（旧 L. 122-35 条）を参照。
4）　労働法典 L. 1121-1 条（旧 L. 120-2 条）。
5）　使用者の権限と，企業における労働者の基本的自由との関係については，さしあたり G. Auzero et E. Dockès, op. cit., p. 710 et s. を参照。

の構成員となる。憲法院は，司法権にも執行権にも属さないという建前がとられているものの，実質的には憲法裁判所としての性格を有している。任期の長さと構成員の与党性から，政治的な色彩が濃くなる要素を内包しているものの，実際には極端な政治的任命は見られず，各構成員ももっぱら憲法および人権の擁護者として活動していると評価されているようである[9]。

憲法院の職務権限は多岐にわたるが，本稿で主な検討の対象とする通常法律の憲法適合性審査については，審署の前に提訴権者[10]による申立てがなされたときに審査が開始され，常に構成員全員による大法廷で裁定がなされる[11]。なお，憲法院による法律の憲法適合性審査は，長らく審署期間（délai de promulgation）における事前審査に限定されていたが，国民の権利の救済としては万全ではないという批判を受け，2008年に事後審査を認める憲法改正が行われている[12]。この結果，通常の訴訟に際し，司法裁判所（破毀院）ないし行政裁判所（コンセイユ・デタ）が憲法問題となりうると認めた場合[13]，これを先決問題として憲法院へ移送することが可能になった（優先的憲法問題 question prioritaire de constitutionnalité: QPC）。

審査の結果，違憲の判断がされた場合，事前審査においては法律の一部または全部の無効の判断がなされ，一部違憲の場合にはその部分を切り離して合憲

---

6) 1958年憲法第56条第1項。なお，2008年の憲法改正により，各議院の常任委員会において3/5以上の反対がある場合には任命が停止されることとなった。
7) 任期は9年で再任不可。3年毎に3名ずつ改選。
8) 終身。ただし，職権によるとされ，憲法院の構成員とならないこともできる。また，大臣または国会議員を兼ねることはできない（1958年憲法第57条）。現在はジスカール・デスタン（Valéry GISCARD D'ESTAING）が元大統領としての構成員となっている（2016年12月現在）。
9) 滝沢正『フランス法〔第4版〕』（三省堂，2010年）212頁。
10) 共和国大統領，首相，国民議会議長，元老院議長，60名以上の国民議会議員または元老院議員（1958年憲法第61条第2項）。
11) 定足数7名，審議は非公開。
12) 2008年7月23日の憲法的法律。2010年5月1日発効。
13) 憲法院への移送の要件は，①当該問題が当該訴訟に関係すること，②憲法院によって既に判断されたものではないこと，③重大な憲法問題を含むこと，とされる（2009年12月10日の組織法律第23-2条）。

部分のみを施行することが可能であり，また違憲とされたものについては必要な修正を施した上，議会で再度議決することが可能である。これに対し，事後審査については，当該法律ないし行政立法等の規定が無効となり，その既判力は，違憲判決時点およびそれ以降の立法機関，行政機関，司法機関を拘束する（1958年憲法62条2項[14]）とされる。また，結論として合憲判断を示した場合においても，その際に付加された解釈上の留保，適用指針が既判力を有するとされている[15]。たとえば，2002年の労使関係現代化法は，憲法院により違憲として停止された条文は1つのみであったが，他方で，多くの解釈上の留保が付されている[16]。このようにして，憲法院による判決の影響力は，現在では非常に大きなものとなっている。

2　労働立法にかかる憲法院判例の傾向

憲法院は，1971年7月16日判決[17]において「共和国の諸法律によって承認され，憲法前文によって再確認された基本的諸原理」を憲法適合性判断の根拠となる憲法規範として確立して以降，人権保障機関としての機能を活発化してきたとされるが，労働法の領域においても，1970年代後半以降，幅広い領域において憲法審査が行われてきた[18]。その内容は，労働時間に関する立法についての審査[19]，解雇規制に関する審査[20]，各種の社会制度・社会的給付に関する立法に係る審査等，非常に多岐にわたっており，前述の事後審査制度導入後は，事後審査につ

---

14) Cons. const. 8 juill. 1989, D. 1990. Somm. 138.; Soc. 25 mars 1998, D. 1988. Somm. 388.
15) Soc. 25 mars 1998, D. 1988. Somm. 388.; Cass., ass. plén., 10 oct. 2001, D. 2002. 237.
16) Cons. const. n° 2001-455 DC du 12 janv. 2002, JO 18 janv. 2002, p. 1053; X. Prétot, Le Conseil constitutionnel et la loi de modernization sociale, Dr. soc. 2002. 244.
17) Cons. const. n° 1971-44 DC du 16 juillet 1971. 同判決については，フランス憲法判例研究会編『フランスの憲法判例』（信山社，2002年）141頁以下を参照。また，同判決がフランスの憲法学にもたらした意義については，樋口陽一『現代民主主義の憲法思想—フランス憲法およびフランス憲法学を素材として』（創文社，1977年）80頁以下に詳しい。
18) 管見の限りでは，1977年7月5日の憲法院判決（Cons. const. n° 1977-79 DC du 5 juill. 1977, JO 6 juill. 1977, p. 3560）がその嚆矢と思われる。
19) いわゆる週35時間法など。近年では，深夜業および日曜労働に関する規制などが問題とされている。
20) 主として経済的解雇に関する規制の憲法適合性が問題とされてきた。

いても積極的に用いられているようである。[21]

　ここでは，これらの憲法院判例について，その憲法適合性判断につき，いかなる傾向を見出すことができるのか，検討を行うこととする。

（1）　立法目的にかかる立法者裁量の尊重　　労働立法にかかる憲法院判例の傾向として，第一に，とりわけその立法の基礎となる政策目的について，立法者の裁量を尊重する傾向にあることが指摘できる。前述の通り，1946年憲法前文第5項は「各人は，労働の義務および雇用を得る権利を有する」として雇用の権利を規定している。その一方で，1958年憲法はその第34条において法律事項を列挙しており，憲法院は，この両者の関係について，1983年5月28日判決[22]において，「各人の雇用を獲得する権利について，これを保障するための規則を定め，もってこの権利を行使することによる，より多くの利益の可能性を実現するのは，立法者の役割である」と述べた。すなわち，憲法院は，1946年憲法前文第5項が保障する雇用の権利を具体化するための雇用政策を行う積極的な義務を立法者に課す一方で，これを実現するために，立法者が非常に幅広い裁量を有することを認めているのである。[23]この1983年判決で示された原則は，その後の判例でも一貫して維持されており[24]，現在では，「憲法院は国会の権限

---

21)　破毀院は，事後審査制度の導入当初は憲法院への移送について比較的厳格に解釈し，移送の申立てを棄却する傾向にあったようである（Soc. 18 juin 2010, n° 10-14.749 et 10-40.005; 16 juill. 2010（n° 10-40.015; 10-40.016; 10-40.017; 10-40.054; 2 févr. 2011, n° 10-20.415.）が，近年は積極的に憲法院への移送を行う傾向にあるようである（Soc. 8 juill. 2010 n° 10-60.189; 5 janv. 2011, n° 10-40.049; 2 févr. 2011, n° 10-40.058; Soc. 20 mars 2013, n° 12-40104 P; 11 juill. 2013, n° 13-40021 P.; Soc. 8 janv. 2014, n° 13-24851 P）。近年，事後審査制度による違憲判断がなされた最も著名な事案としては，セクシュアル・ハラスメントに関する定義の不明瞭さが罪刑法定主義に反するとして違憲とされた2012年5月4日の憲法院判決（Cons. const. 4 mai 2012, n° 2012-240 QPC）が挙げられる（同判決については，山崎文夫「フランス憲法院セクシュアル・ハラスメント罪違憲判決―憲法院2012.5.4の合憲性優先問題判決」労旬1786号（2013年）35頁以下を参照）。もっとも，憲法院が事後審査において違憲の判断を示す事例は少ないとされる（G. Auzero et E. Dockès, op. cit., p.55.）。

22)　Cons. const. n° 1983-156 DC du 28 mai 1983.

23)　Dirk Baugard, Le droit à l'emploi, Dr. soc. 2014-332; Olivier Dutheillet de Lamothe, Les principes de la jurisprudence du Conseil constitutionnel en matière sociale, Les Nouveaux Cahiers du Conseil constitutionnel, n° 45.

と同じ性質の評価および決定をする一般的権限を有さず，したがって，法律により採用された方式が，その目的に照らし明らかに不適切ではない限りにおいて，立法者に課された目的型の手段によって実現されるべきであったかを探求する役割を有さない[25]」とされている。

　この憲法院による立法者の政策目的にかかる幅広い裁量の尊重という姿勢が典型的に現れているものの1つは，労働時間に関する立法に対する判断であろう。いわゆる週35時間労働を導入する1998年の労働時間短縮に関する方針およびその促進措置を定める法律について，1998年6月10日の憲法院判決は，以下のように判断している[26]。すなわち，法定の実労働時間を39時間から35時間に削減することにつき，企業による時短の実現に対する支援措置を定めていることを指摘しつつ，当時における労働市場の状況を踏まえ，こうした規制は1946年憲法前文第5項の枠内に含まれるものであって，企業の自由に対してもたらされる侵害を正当化しうるものである旨を判示した。他方，労働・雇用，および購買力のための2007年8月21日の法律（TEPA法[27]）は，超過勤務時間（heures supplémentaires[28]）および追加労働時間（heures complémentaires[29]）にかかる所得税および社会保障負担の減免を定める規定を含んでおり，憲法適合性審査の申立てにおいては，この法律は新たな労働者の採用，または臨時的な労働者の利用を犠牲にして使用者に対し超過勤務時間優遇することを促進するものであり，雇用の権利を侵害するとの主張がなされていた。しかし，憲法院は，こうした

---

24) Cons. const. n° 1985-200 DC du 16 janv. 1986; Cons. const. n° 1998-401 DC du 10 juin 1998; Cons. const. n° 1999-423 DC du 13 janv. 2000; Cons. const. n° 2001-455 DC du 12 janv. 2002; Cons. const. n° 2004-509 DC du 13 janv. 2005; Cons. const. n° 2006-535 DC du 30 mars 2006.
25) Cons. const. n° 2001-444 DC du 9 mai 2001.
26) Cons. const. n° 1998-401 DC du 10 juin 1998.
27) Loi n° 2007-1223 21 août 2007.
28) 法定労働時間を超える労働時間。超過勤務時間における労働は，原則として，割増賃金の支払，または一定期間の休日を得る権利，ないし代償休日（repos compensateur）の権利がもたらされる。
29) パートタイム労働契約において，契約で定められた労働時間を超えて使用者が就労を要求しうる労働時間。法定労働時間を超えるものではないため，原則として通常の賃率にもとづいて賃金が支払われる。

シンポジウム（報告④）

　TEPA 法による措置は，労働時間数を増加させ，雇用を刺激することを目的としている以上，1946年憲法前文第5項に由来する要請の実現を目的とするものであると評価し，その目的のためにいかなる政策を用いるのかを判断するのは議会の役割であるとしたのである[30]。このように，週35時間法と TEPA 法は，雇用の権利の実現という同一の目的について，前者はワークシェアリングを通じた雇用の創出，後者は労働時間の増加を通じた経済および雇用の活性化というまったく異なるアプローチを採用しているが，憲法院は，それが1946年憲法前文第5項の雇用の権利を実現することを目的とする立法である限りにおいて立法者に幅広い裁量を認め，その目的の実現のためにいかなる政策を選択するのかについては，（労働時間の削減を行う立法であろうと，労働時間の増加を促す立法であろうと）労働市場の状況を踏まえて立法者が決定すべきとした[31]。そして，憲法院が，この立法者の役割に取って代わる権限は有さず，たとえば立法者の目的が，異なる方法により実現可能であるかどうかは検証しないとしたのである[32]。

　(2)　企業の「自由」と「雇用の権利」の衝突と調整　　労働立法にかかる憲法院判例について，第二の問題は，労働立法政策による「雇用の権利」の実現と，企業の「自由」との衝突をどのように調整するかという問題である。この点，(1)で述べたように，「雇用の権利」を実現するためにどのような目的の立法を行うのかについて，憲法院は立法者の広範な裁量を尊重する傾向にある。その一方で，これを実現する手段が基本的自由および平等原則に抵触する場合について，憲法院は厳格な審査を行う傾向にあり，とりわけ，近年は企業の「自由」の侵害について，厳格に判断する傾向にあることが指摘できる。

　憲法院は，前記した1971年7月16日判決以降，1789年人権宣言，1946年憲法，

---

30)　Cons. const. 16 août 2007, n° 2007-555 DC, D. 2008. 2025.
31)　2005年1月29日の憲法院判決は，「以前の条文を修正し，また廃止し，必要に応じて他の規定によりそれに置き換わらせる適時性を評価するのは常に立法者の自由である」として，この論理をより明確に述べている。
32)　例外的に，当該法律によって用いられた手段が，その目的に照らして明らかに不適切である場合には，憲法適合性が否定される余地があるとしている（Cons. const. n° 2007-555 DC du 1 août 2007)。

1958年憲法および「共和国の諸法律によって承認され，憲法前文によって再確認された基本的諸原理」を含む，いわゆる憲法ブロック（bloc de constitutionalité）を用いて憲法適合性を判断することとしているが，これらの憲法ブロック内の諸規範に序列が存在するのか，あるいは相互に矛盾・抵触する場合にどのように判断するのかという困難な問題が常に付きまとうこととなる。特に，労働立法については，1789年人権宣言の財産権規定と，1946年憲法前文の社会的規定との対抗関係が不可避的な課題であることは一般に指摘されてきた。そして，憲法院は人権規範同士が衝突する場合における人権保障の限界について，「憲法的価値をもつ目的（les objectifs à valeur constitutionnelle）」の原則によって対処するとされ，基本的自由に対する侵害をもたらす立法については，まず[33]「一般的利益により正当化される制限か，憲法的要請に結びついた制限であるか」を区別した上で，それにより正当化される制限については，「追求される目的に照らし均衡を失しない侵害である限り」立法者の裁量に服する，としてきた[34]。そして，この場合において一般的利益にもとづく制限に比べ，憲法的要請（雇用の権利の実現等，1946年憲法前文に由来する要請）にもとづく制限については，より大きな基本的自由への侵害を正当化しうると考えられてきていた[35]。たとえば，タバコのあらゆる直接的および間接的広告を禁止した，1991年のエヴァン法[36]は，タバコに関する商標権の所有権およびタバコ会社の経営の自由を侵害するものとして違憲の申立てがなされたが，憲法院は，1946年憲法前文第11項が定める健康が保護される権利を実現するという憲法の要請により，こうした所有権および自由の侵害は正当化されるとしている[37]。

これに対し，2000年代以降，憲法院における1946年憲法前文にもとづく社会

---

33) 辻村＝糠塚・前掲注1）書166頁。
34) Cons. const. n° 1998-401 DC du 10 juin 1998; Cons. const. n° 2000-439 DC du 16 janv. 2001.
35) L. Favoreu et alli, Droit des libertés fondamentales, Dalloz, 6e éd., 2012, n° 199 s; Olivier Dutheillet de Lamothe, op. cit.
36) タバコ中毒およびアルコール中毒との戦いに関する1991年1月10日の法律（loi du 10 janv. 1991 relative à la lutte contre le tabagisme et l'alcoolisme）。同法を提案した当時の保健大臣 Claude Évin に由来し，エヴァン法（Loi Évin）と通称される。
37) Cons. const. n° 1998-403 DC du 29 juill. 1998.

シンポジウム（報告④）

的権利と1789年人権宣言にもとづく基本的自由との調整のあり方について，変化が生じていることが指摘されている[38]。

まず，2002年労使関係現代化法は，経済的解雇の定義につき「他のいかなる方法でも解決できない重大な」経済的困難，「企業の存続が問われる」技術的変化，「企業活動を守るために不可欠な再編の必要性」との記述を追加することを規定する同法107条の規定につき，企業の自由を侵害するものとして違憲の申立てがなされた。これに対し憲法院は，立法者が主張する「雇用の維持」という1946年憲法前文に由来する権利の実現という目的と，企業の自由という基本的自由との調整について，「労働法の基本原則を定めることについて，1958年憲法第34条が付与する権限の枠内で，1946年憲法前文の経済社会原則の実現を保障するのは立法者の役割である」としつつ，それは「憲法により保障された自由との調整のもとでなされるものである」とし，「1946年憲法前文第5項，すなわち各人が雇用を得る権利に適合的な，より良い保障を実現するための規則を定めるために，この憲法的要請にもとづいて企業の自由に対する制限をもたらすことは，追求される目的に照らし不均衡な侵害をもたらさないという条件においてなしうる」と判示した。そして，同法による経済的解雇の定義の修正は，「企業の自由に対して，雇用の維持という追求される目的に照らし，顕著に不当な侵害をもたらした」として違憲とされた[39]。

これ以降，憲法院は，従来の「憲法的要請にもとづく制限」であるか，「一般的利益を目的とする制限」であるかにかかわらず，当該法律によってもたらされる基本的自由に対する侵害が，「その目的を照らし均衡を失しない」ものであるか否か，すなわち，「均衡性の審査」を憲法適合性判断に際して重視する傾向にある[40]。たとえば，経済的解雇における雇用保護計画の手続違背にもとづき当該経済的解雇手続が無効とされた場合において，復職が不可能であるときには裁判官は解雇された労働者の復職を明示することができないとする法改

---

38) G. Auzero et E. Dockès, op. cit., p. 57; Olivier Dutheillet de Lamothe, op. cit.; Dirk Baugard, op. cit.
39) Cons. const. n° 2001-455 DC du 12 janv. 2002.
40) Dirk Baugard, op. cit.

正について，憲法院は，違法に解雇された労働者が再配置される権利は，各人が雇用を獲得する権利に直接由来する権利であるとしつつも，上記の改正は企業の自由との調整をなしたものであるとして，雇用の権利を侵害するとする違憲の申立てを退けている[41]。また，2012年5月14日のQPC判決[42]では，企業外で従業員代表に指名された労働者が，使用者にその旨を事前に通知することなく，保護される労働者としての地位を利用すること[43]は，企業の自由および契約の自由に対する不均衡な侵害をもたらすものとして許されないとの判断が示されている。

そして，この問題をめぐっての近年の最も重要な判決の1つは，2014年のいわゆるフロランジュ法[44]をめぐる判決である。すなわち，フロランジュ法の第1条は，閉鎖を検討している事業場につき，真摯な買取の申し出があるときは，「企業活動の総体がその継続につき危険に陥っている」ことを理由として正当化される場合を除き，当該事業場の譲渡を拒絶して，これを閉鎖し，雇用の廃止を選択することが認められない旨を定める[45]ものであった。これに対し憲法院は，2014年3月27日判決[46]において，第一に，企業から経営難を予防する能力を

---

41) Cons. const. n° 2004-509 DC du 13 janv. 2005.
42) Cons. const. n° 2012-242 QPC du 14 mai 2012.
43) フランスにおいては，従業員代表等の保護される労働者については，使用者がこれを解雇する場合には，事前に行政の許可を得る等の手続を履践しなければならない。本判決では，使用者が，被解雇労働者が保護される労働者であることを知らず，通常の労働者と同様の事前面談の手続き等を行った上で解雇したのに対し，被解雇労働者が保護される労働者の解雇にかかる手続きを履行していないとして違法解雇の申立てをしたところ，使用者側が企業の自由および契約の自由を申立てた結果，憲法院に移送され，憲法院は遅くとも事前面談のときに自身が保護される労働者であることを使用者に対して通知していなければならないとした。
44) 実体経済を回復するための2014年3月29日の法律（LOI n° 2014-384 du 29 mars 2014 visant à reconquérir l'économie réelle）。2013年に鉄鋼最大手アルセロール・ミッタル社のモーゼル県フロランジュ製鉄所の閉鎖が発表され，従業員の経済的解雇が社会問題化したことを契機として成立したことから，フロランジュ法（Loi Florange）と通称される。
45) フランスにおいては，事業譲渡がなされた場合には，原則として，労働法典L. 1224-1条にもとづいて労働契約が自動的に承継されるため，事業場の譲渡が行われた場合には譲受人のもとで雇用が維持されることが期待できる。
46) Cons. const. n° 2014-692 DC du 27 mai 2014.

シンポジウム（報告④）

奪い，経済的取引を行う能力を奪う性質のものであること，第二に，買取の申し出が真摯なものであるかどうかについての判断を商事裁判所が行うことにより，企業の活動および発展に関する経済的選択を企業長から裁判官に移すことになることを指摘し，同条の違反に対し制裁を課すことは，企業の経済的選択，とりわけその財産の譲渡についての選択を抑圧するものであり，企業の所有権および自由に対する侵害をもたらすものとして違憲であるとした。このように，憲法院は，労働者に保護を与える立法について，1946年憲法前文第5項の雇用の権利の要請によるものであることから直ちに正当化することはせず，企業の自由に対して侵害をもたらすものであるかどうかを厳格に検討し，こうした立法の憲法適合性を慎重に審査する傾向にある[47)・48)・49)]。

3 「雇用の権利」の意義[50)]

2で確認したように，憲法院は，1946年憲法前文第5項の雇用の権利について，それが労働政策に関する立法の根拠となることは認めつつも，どのような

---

47) Olivier Dutheillet de Lamothe, op. cit.
48) こうした憲法院の姿勢について，G. Auzero et E. Dockès, op. cit., p.57 は，企業の自由（財産権および営業の自由）を重視し，労働者の社会的権利に優越させるものであると評価する。Jean-Emmanuel Ray, Droit du travail Droit Vivant, 24e, Walters Kluwer, 2016, p. 22 は，営業の自由には職を得る自由または経済活動を得る自由（職業選択の自由）のみならず，その職またはその経済活動を行うに当たっての自由も含まれることを明示した2014年4月11日憲法院判決を参照しつつ，フロランジュ法第1条を違憲とした憲法院の判断について，最も古典的かつ想定される判断であると評価する。
49) これに対し，深夜労働の制限が営業の自由に対する不当な侵害であるとの申立てがなされた事件では，深夜業の制限が，追求される目的に照らし，営業の自由に対する不均衡な侵害を生み出すものではないとして，合憲とされている（Cons. const. 4 avr. 2014, n° 2014-373 QPC）。また，不当解雇補償金の補償額の上限を定めることを内容とする2015年Macron法の規定は，その上限額の設定を企業規模に応じて異なるものとしたことにつき，平等原則に反するとして違憲と判断されている。このように，雇用の権利だけでなく，労働者個人の健康の保護，平等といった憲法上の権利に係る場合については，企業の自由に対する制約が許容される範囲が広がると考えられているようである。
50) 本節の記述については，日本労働法学会第133回大会のシンポジウムにおいて矢野昌浩会員から多くの有益な示唆を頂いた。記して謝意を申し上げたい。なお，矢野昌浩「労働権から「労働の自由」への逆流？」労旬1873号（2016年）4頁もあわせて参照されたい。

立法を行うのかという点については，立法者の幅広い裁量を認める一方，企業の自由の侵害をもたらしうる場合については，その抵触関係について不均衡な侵害をもたらすことは許されないとしている。このように，雇用の権利が，労働政策に関する立法をどこまで規定しうるのか，という点については一定の限界が存在する。そこで，これらの立法裁量，あるいは企業の自由との関係はどのように調整されるのか，という点が問題となるが，このことは，結局のところ1946年憲法前文第5項の保障する「雇用の権利」がいかなるものであるのか[51]，という点に帰着することとなる。そこで，この「雇用の権利」がいかなるものであるのかについて，フランスにおいてはいかなる議論がなされているのか，ここで確認する必要がある。

この点，「雇用の権利」がいかなるものであるのかについて，その議論は必ずしも多いものではないが[52]，従来，「雇用の権利」は，「公権力に対して，労働を持たないもののうち，より多くのものがそれを獲得することを可能とする条件を作出することを義務付ける」ものであるとし，すなわち，完全雇用の実現のために国家が労働市場に積極的に介入することを義務付けるものと理解されてきた[53]。実際，憲法院も，前述した1983年5月28日判決において[54]，「各人の雇用を獲得する権利について，これを保障するための規則を定め，もってこの権利を行使することによる，より多くの利益の可能性を実現する」ことが，「立法者の役割である」としている。

これに対し，Gerard Lyon-Caen は，「労働の権利（droit au travail）」という概念を示し，これを各人が個別に雇用を獲得する権利ではなく，最も多くの者が就労を実現する集団的権利として位置づける。そして，このように理解する

---

51) こうした「雇用の権利」の不明瞭性の問題を指摘するものとして，A. Jeammaud et M. Le Friant, L'insertain droit à l'emploi, Travail, Genre et Sociétés, 1999, n° 2, p. 29; Olivier Dutheillet de Lamothe, op. cit.
52) Dirk Baugard, op. cit.
53) T. Revet, La liberté du travail, in R. Cabrillac (dir.), Libertés et droits fondamentaux, Dalloz, 2013, n° 1165, p. 872; J. Rivero et J. Savatier, Droit du travail, 11ed., PUF, 1989, p. 440.
54) Cons. const. n° 1983-156 DC du 28 mai 1983.

シンポジウム（報告④）

ことで，国家が雇用の最大化を図ることを通じて，個々の労働者が雇用を獲得するための派生的権利を獲得することができる，と整理する。この見解からは，最も多くの者の労働権の実現を図るものであることを条件に，一定数の者の労働権を制限することが許容されることとなり，たとえばワークシェアリングのような政策は許容されることとなる。

こうした Gerard Lyon-Caen の見解に対し，「労働」と「雇用」を明確に区別した上で，両者の概念を整理する見解もある。Francois Gaudu は，雇用という概念が1930代以降に形成されてきた歴史的経緯を踏まえ，これを「労働にかかる持続的な契約」と捉える。そして，雇用の権利は「継続的な労働に関する契約を持続する権利」であるとし，雇用の権利を市場との関係で捉える一方，労働の権利を使用者との権限の関係で把握する[56]。また，Antoine Lyon-Caen は，「雇用は労働より広い」概念であるとし，雇用の権利の実現が雇用へのアクセスを保障する性質を強調する[57]。

他方，「雇用の権利」を，雇用の最大化を図る権利と捉える見解について，労働力利用の弾力化を通じた，個々の労働者の労働（雇用）に対する権利の侵害を正当化するものであるとする見解も存在する。実際，2006年の初期雇用契約（Contrat première embauche: CPE）は，その目的は若年者の雇用促進であり，その意味で「雇用の権利」を実現することを目的として立法された制度ではあるものの，他方では，最初の2年間について現実かつ重大な理由がなくても解雇が可能であるという意味で，雇用を維持される権利が侵害される性質を有すると評価できるものであった。しかし，憲法院は2006年3月30日の判決[58]において，若年者の雇用を促進し，職業生活への組入れを容易にするために，こうした立法を行うことは妨げられないとした。すなわち，雇用の最大化の実現という目的のためであれば，個々の労働者から結果として雇用を維持される権利が

---

55) G. Lyon-Caen, Le droit au travail, in Les sans-emploi et la loi, hier et aujourd'hui, Actes de colloque, Calligrammes, 1988, spéc. p. 208-212.
56) F. Gaudu, Les notions d'emploi en droit, Dr. soc. 1996. 569.
57) A. Lyon-Caen, Contrat et/ou emploi: composition ou recomposition, in Les paradoxes du droit du travail, Sem. soc. Lamy 2011, suppl. n° 1508.
58) Cons. const. n° 2006-535 DC du 30 mars 2006.

奪われることとなる立法さえも許容されることとなるのである。こうした「雇用の権利」のあり方に疑問を呈する見解は，むしろ個々の労働者の「労働の自由」を実現するアプローチを志向することとなる。

　これらの議論の対立は，一方では，従来「雇用の権利」を，プログラム的な権利として捉え，立法者の裁量に多くを委ねてきたことに対し，むしろ国家あるいは企業が「雇用の権利」に対して負っている具体的な義務を明確化することを志向するものであり，他方では，「雇用の最大化」という雇用の権利の実現の要請が，結果として個々の労働者の雇用に対する権利（雇用を獲得する権利，雇用を維持される権利）を侵害する帰結をもたらしうることに対する問題意識の表れであると考えられる。もっとも，これらの議論も，「雇用の権利」の在り方に関する問題を十分に解消しているとは言い難いように思われる。すなわち，第一に，「労働の自由」を強調する見解については，他方で「雇用の最大化」という目的から正当化されてきた，雇用を得ることが困難なものに対する雇用促進政策（典型的には若年者雇用の促進）を正当化することが困難になる（平等の観点から否定的に捉えられる）という課題が生じることとなる。この意味で，「雇用の権利」の労働市場的・集団的な性質と，個々の労働者の雇用の獲得・維持にかかる権利とをどのように調整すべきであるかについては，なおも問題が残されることとなる。第二に，以上の議論を通じて「雇用の権利」の意義が一定程度明らかになるとしても，そこから「企業の自由」との調整をいかに図るのか，という点についてはなおも明らかではない点が残されている。「雇用の権利」が「企業の自由」に対する侵害をどこまで許容しうるのか，という点については未解決の課題と言えよう。

IV　おわりに

　本稿においては，フランスの労働立法にかかる憲法院の判例の傾向及び「雇用の権利」に関する議論を整理することを通じて，フランスにおける労働立法

---

59) A. Jeammaud et M. Le Friant, op. cit., p. 43; A. Supiot, Au-dela de l'emploi, Flammarion, 1999, p. 268.

シンポジウム（報告④）

政策と憲法的規範との関係がどのように捉えられているのかを検討してきた。

最後に，こうしたフランスの議論から，日本における議論についていかなる課題を指摘できるのか，ごく簡単にではあるが述べておくことにしたい。

第一に，日本における労働立法政策が憲法的規範によって規律されうるとしたとして，それが憲法上のいかなる規定に基づくものであって，それがどのような規律をなしうるのか，という点について十分な検討を行う必要がある。日本国憲法においては，その27条が勤労の権利を定め，勤労条件基準の法定が定められているが，こうした規定をそもそもどのような位置づけとすべきか，プログラム的な権利を定めるものなのか，勤労の権利の実現とは雇用を最大化する労働市場政策を志向するものなのか，個々の労働者の勤労の実現・労働の自由を図るものなのか，その内容についてさらなる検討が必要となろう。第二に，憲法的規範が労働立法政策を規律し，あるいはこれを正当化する根拠を与えるとして，企業の自由との調整をいかに図るかという点が問題となる。労働者保護に関する規制が，少なからぬ場合において企業の自由との抵触を生じさせうることを考慮するならば，この抵触をどのように処理すべきであるのか，さらなる検討が必要と思われる。こうした点の検討については，今後の課題としたい。

（ほそかわ　りょう）

日本の労働立法政策と人権・基本権論
——労働市場政策における人権・基本権アプローチの可能性——

沼 田 雅 之

(法政大学)

I　は じ め に

　1990年代以降，労働分野では様々な立法政策が展開してきた。とくに労働者派遣法の改正をはじめとする労働市場領域の立法政策に対しては，「規制緩和」政策と位置付け，批判する論調がみられるところである。一方で，個別の労働立法政策においては，労働政策審議会等における議論を通じて，関係当事者の納得性を高める機会も存在していたはずである。にもかかわらず，なぜこのような批判が絶えないのであろうか。おそらく，これらの立法過程で十分な調整がなされなかったことにもその一因が求められよう。
　これらの労働立法政策において労働法学が果たした役割は限定的であったといってよい。労働法学は，こと解釈論に関しては大いに議論がなされる。一方で，労働立法政策にはあまり関心を払ってこなかったのではないだろうか。
　本稿は，人権・基本権論が労働立法政策における調整原理として果たしうる可能性を論ずるものである。ところで，とかく人権・基本権論は，原理論として捉えられがちである。原理論で個別の労働立法政策を評価することは，制度の肯定あるいは否定という極端な結論しか導かないことが多かろう。もちろん，ある具体的労働立法政策が人間の尊厳を脅かすような内容である場合には，このような価値判断が求められることもありうる。しかし，現実に進行する労働政策立法においてこの時代に求められる態度は，多くの立場を調整することにあるということも事実である。
　くり返すが，本稿では，人権・基本権論が労働立法政策において調整原理と

シンポジウム（報告⑤）

して機能させることの可能性を論ずるものである。すなわち，人権・基本権論が，個別の労働立法政策について様々な立場の者を同じ土俵にたたせ，あるべき立法論について議論・調整ができる「場」を提供しうるとの試論を展開しようとするものである。本稿ではこのような立場を，労働立法政策における「人権・基本権アプローチ」と称することとしたい。

以下では，紙幅の関係で，労働者派遣制度を中心とする，労働市場政策における「人権・基本権アプローチ」に限定して論じたいと思う。

Ⅱ　派遣労働者（非正規労働者）のおかれている現状と問題点

1　派遣労働者をはじめとする非正規労働者の現状と社会の持続可能性

具体的労働立法政策を構想する際には，労働者がおかれている状況や問題点について，ある程度の共通認識がなければならない。このような共通認識なしに，多様な立場を調整する基本的視座は形成できないからである。

ところで，1985年の労働者派遣法の制定や，その後の相次いだ法改正の結果，派遣労働者はどのような状況におかれているのであろうか。派遣労働者をはじめとする非正規労働者のおかれている立場は，①雇用が不安定であり，②賃金を中心とする労働条件の格差が大きく存在し，③職業に関する十分な教育訓練が受けられず，④社会保険などのセーフティ・ネットが十分ではなく，⑤ワークルールに関する法令の適用に不備があるなど，決してその現状を肯定できる状況にはない。

このような状況への忌避感からか，派遣労働者の約4割強は正社員への転換を望んでいる[1]。そして，派遣労働者をはじめとする非正規労働者は全雇用者の約4割となり，その深刻の度がさらに深まっている。

また，シングル・マザーの多くは非正規労働者であり，この場面では処遇格

---

1) 厚生労働省「平成24年派遣労働者実態調査」では，「派遣社員ではなく正社員として働きたい」とする派遣労働者は43.2％である。また，JILPT「派遣社員のキャリアと働き方に関する調査（派遣社員調査）」（2011年）では，正社員を希望する人の割合は80.7％となっている。

差が深刻な問題を引き起こしている。すなわち，シングル・マザーが多くあてはまる「大人1人子ども」の家庭の相対的貧困率は，全平均の16.1%を大きく上回り54.6%となっている[2]。

2016年9月25日に放映されたNHKスペシャル「縮小ニッポンの衝撃」では，東京都豊島区といった都心の自治体でさえ，将来的に財政破綻となりうる見通しが示されていた。それによると，不安定・低所得の若年者の流入・停滞がもたらす負の効果が与える影響が大きいとの分析がなされていた。

このような社会的，経済的状況は，派遣法に対する評価がどのようなものであっても，「危機」と認識できるものであるはずである。

2　間接雇用の拡大

労働市場政策を考える上で無視できないのは，クラウドソーシングを含むプラットフォーム・エコノミーの拡大である。これらの進展は，雇用そのものを奪い，あるいは新しい「間接雇用」として，雇用の不安定化・低処遇化を加速させる可能性がある。

III　1990年代以降の労働市場における規制緩和の進行とその背景

1　労働者派遣法の変化

(1) 1999年派遣法改正　　1985年に制定された労働者派遣法は，「高学歴女性の専門的労働市場をつくるという大義名分」があったと説明される[3]。このような捉え方は，労働者派遣法の立法に大きな影響力をもっていた髙梨教授が，「子育てを終わって再度職業戦線に復帰したいという女性の就業意欲を生かせる雇用機会は必ずしも多くな」いと認識していたのと重なる[4]。

---

2) 国民生活基礎調査に基づくものによる。詳細は，内閣府ほか「相対的貧困率等に関する調査分析結果について」(2014年12月)を参照のこと。
3) 浜村彰ほか「座談会　改正労働者派遣法の問題点と課題」労旬1870号 (2016年) 17頁 [毛塚勝利]。
4) 髙梨昌編著『詳解　労働者派遣法〔第3版〕』(エイデル研究所，2007年) 29頁。

しかし，この制定当初の派遣法の趣旨は，1999年改正で大きく変化した。周知のとおり，このとき日本の労働者派遣制度は，常用代替のおそれが少ない臨時的・一時的な労働力の需給調整に関する制度として位置づけなおされたのである。こうして，労働者派遣法がもっていた「専門的な知識，技術，経験をいかして就業することを希望する労働者を中心とする労働力需給のミスマッチの解消」という大義は大きく後退し，まったく別の制度となった。そして，2003年改正も，この傾向を強化するものであった。

(2) 2012年改正 2012年改正は，リーマンショックなどの経済状況の変化，それによる派遣労働者の大量失業という社会情勢の変化を受けたものといっていい。派遣法の名称や目的は，「派遣労働者の保護」という視点が明確化された。また，日雇い派遣の原則禁止や，労働契約申込みみなし制度の創設などの具体的な施策ともあいまって，規制の強化と評価されることもある。しかし，制度の骨格は1999年改正法のそれを維持していると評価することが妥当である。

(3) 2015年改正 2015年改正は，その労働者派遣制度の枠組みをさらに大きく変えた。2015年改正法は，労働者派遣法制定当初からその目的として有していた，「我が国における雇用慣行との調和に留意し，常用雇用労働者の代替を促すこととならないよう十分配慮する」とする常用代替の防止の意義を，大きく後退させたからである。本来，常用代替の防止は，日本的雇用慣行との調和を求める概念であるから，その趣旨は派遣先にこそ徹底されなければならない。このような趣旨からは，「労働者派遣の利用は臨時的かつ一時的なもの」としなければならないはずである。しかし，2015年改正後の派遣法25条は，「派遣就業は臨時的かつ一時的なものであることを原則とする」と規定した。本来の常用代替の防止の趣旨は，これによって大きく変容したと解すべきである。この点だけでも，2015年改正は，1999年改正以来の大きな改定であったといっていい。

2　規制緩和がなされる背景

1999年代以降，なぜ「規制緩和」と評される政策が進展したのであろうか。こと労働市場政策に限定すれば，1990年代の大企業の経営破綻に象徴されるよ

うに，日本企業の経営が大きな岐路に立たされたからといっていい。そして，経営外在的な経済状況の変化によって，部分的とはいえ日本的雇用慣行とも評された機能が存続できる根拠が失われたことにほかならない。

当時の日経連が「新時代の『日本的経営』：挑戦すべき方向とその具体策」を世に出し，労働者を「長期蓄積能力活用型グループ」「高度専門能力活用型グループ」「雇用柔軟型グループ」の３つに分けるべきことを提言したのは，その象徴といっていい。とくに「雇用柔軟型グループ」は，労働者派遣制度を中心とする労働市場政策の展開と密接に関連する概念である。

Ⅳ　労働法学の対応とその評価

このような社会・経済的状況の変化にともなって進展した「規制緩和」に対して，労働法学が果たしてきた役割を確認しよう。

1　「新たなサポート・システム」論の影響力

1990年代，労働法学の中では，労働市場における規制緩和政策の流れを下支えする新たな立場が表明された。代表的なものは，菅野教授と諏訪教授の共著による「労働市場の変化と労働法の課題―新たなサポート・システムを求めて」である[5]。これによれば，長期雇用が縮小し，雇用が流動化するとの予測のもと，「『相対的な弱者』あるいは『もはや弱者とみるべきではない』」労働者が登場している[6]として，「個人として市場で評価されるだけの職業能力を備え，市場取引に必要な判断能力を有し，自己の責任でリスクを引き受けながら取引を行うという労働者像[7]」を想定した新たな立法構想が展開されている。具体的な政策提言としては，（外部）労働市場政策に限っても，①転職へのサポート・システムの必要性，②職業紹介機関の役割の再編成，③派遣労働の拡大などが

---

5) 菅野和夫＝諏訪康雄「労働市場の変化と労働法の課題―新たなサポート・システムを求めて」労研418号（1994年）2頁以下。
6) 菅野＝諏訪・前掲注5）論文7頁。
7) 菅野＝諏訪・前掲注5）論文8頁。

示された[8]。

このような「新たなサポート・システム」論が労働市場政策にあたえた影響は無視できない。問題は、このような立場を肯定的に評価するにせよ、否定的に評価するにせよ、派遣労働者をはじめとする非正規労働者がおかれている現状を肯定する理屈にはなりえないということである。このような立場がある意味現実的であった1990年代の状況といまの状況は、大きく異なっているからである。

2 労働者派遣法に対する人権・基本権論による評価

（1）低調な派遣法に対する人権・基本権論　一方、急速な労働市場政策の展開に対しては、人権・基本権論によって対抗しうる可能性があった。しかし、「労働者派遣法が憲法違反やILO条約違反であるか否かなど、その基本的な評価にかかわる議論がほとんど見られない[9]」と評されるように、人権・基本権論から労働者派遣法を評価したり、立法政策への提言がなされたりすることは、必ずしも多くはなかった。それでも、いくつかは人権・基本権を根拠とする派遣法の評価がなされているので、ここでその議論をまとめておこう。

（2）脇田教授の見解　脇田教授は『公正雇用保障』という書籍にまとめられるにいたった多くの論考の中で、国際人権規約A規約第7条の「この規約の当事国は、すべての者が公正かつ有利な労働条件を享受する権利を有することを認める。」（脇田訳）との「国際的原則」をおもな根拠としつつ、労働者派遣法案や成立した労働者派遣法をつぎのように評価している。すなわち、「法律そのものが拡張的に解釈、運用される場合には、労働者保護の原則を定める憲法第27条、労働者の団結権を保障する第28条違反となること、あるいは、国際労働条約（ILO 96号条約等）違反になると考えられる[10]」。この立場は、労働者派遣法への否定的評価を前提に、法律を限定解釈することによって、かろうじて

8）菅野＝諏訪・前掲注5）論文9-11頁。
9）脇田滋「労働者派遣法の『見直し』について(上)」龍谷法学23巻2号（1990年）8頁。
10）脇田滋「『労働者派遣法』と派遣労働者の保護」荒木誠之先生還暦祝賀論文集『現代の生存権―法理と制度』（法律文化社、1986年）307頁。

合憲性を確保することができるとの立場であろう。

 (3) 大橋教授の見解　大橋教授は、「派遣労働は『人間のレンタル』であり、人間を『レンタル』の対象とした『労働形態』が、『人間の尊厳』という視点から許されるのか否か、という点についても真剣に検討されなければならない[11]」と評する。

 この立場は、憲法の具体的条文を根拠に、あるいは「人間の尊厳」論から、労働者派遣法に反対あるいは否定的評価をする立場である。ここには、同じ土俵に立って、立法政策を検討しようという調整の視点を見いだすことはできない。

 (4) 西谷教授の見解　西谷教授は、「憲法にもとづいて定立されたいくつかの基本原則の一つが、直接雇用の原則」であり、「中間搾取禁止や労働者供給事業禁止こそが、憲法の労働権や生存権理念、また労働者の自由を保障しようという理念に適合するものとして宣言された[12]」とする。しかし、この「直接雇用の原則は、憲法で明記されているわけでは」ないので、「それに反する法律がただちに憲法違反」にはならない[13]と解するのである。その上で、「直接雇用原則から逸脱する雇用形態（間接雇用）が許される……条件とは、第一に、間接雇用が、企業運営上、他の雇用形態では代替できない不可欠なものであるということ、第二は、そこにおいて労働者保護の要請が十分に考慮されていること」であり、「このいずれかの条件を欠くような間接雇用を法認することは、……憲法の基本的精神に反するものとして、立法政策上きわめて不適切[14]」としている。

 (5) 派遣法を肯定的に評価する立場の人権・基本権論　一方、労働者派遣法のさらなる規制緩和を求めたり、規制強化に反対したりする立場の人権・基本権論の特徴は、職業選択の自由や営業の自由を根拠に立論している点にある[15]。

---

11) 大橋範雄『派遣労働と人間の尊厳―使用者責任と均等待遇原則を中心に』（法律文化社、2007年）15頁。
12) 西谷敏「派遣法改正の基本的視点」労旬1694号（2009年）8頁。
13) 西谷・前掲注12)論文8‐9頁。
14) 西谷・前掲注12)論文9頁。

シンポジウム（報告⑤）

3　労働市場政策のおける人権・基本権論の限界

　派遣法をめぐる人権・基本権の立場を総括すれば，労働市場政策の進展を否定的・消極的に評価する立場も，あるいは積極的に評価をする立場も，決して同じテーブルについて議論していないことである。これでは，人権・基本権論が具体的立法政策に与える影響は限定的といっていい。まさしく，人権・基本権論の相克という状況である。

　結果として，派遣労働者をはじめとする非正規労働者の過酷な状況が放置，拡大されてきたとすれば，それ自体立法政策におけるこれまでの人権・基本権論の限界をしめす証左ではなかろうか。[16]

V　試論・人権・基本権アプローチの基本的視座

　ここでは，労働者派遣制度を中心とする労働市場政策に対する人権・基本権論の総括を踏まえ，「人権・基本権アプローチ」による試論を展開したいと思う。

1　立法政策を考える際の基本的認識

　立法政策を考える際には，現状の基本的認識を共有する必要がある。派遣労働者を含む非正規労働者のおかれている現状はすでに述べた。問題は，①派遣労働者のおかれているそのような現状を「問題」と受け止めることである。立法政策を考える上では，この点を共通認識として有しない限り，私見の「人権・基本権アプローチ」でさえも無力となろう。

---

15)　たとえば，小嶌典明「求められる派遣スタッフのための規制改革」日労489号（2001年）14頁は，かつての「物の製造」の業務に係る派遣事業禁止への反対論として，職業選択の自由に言及している。

16)　西谷教授が上梓された『人権としてのディーセント・ワーク』（旬報社，2011年）では，ILO が示したディーセント・ワーク論を人権という観点から捉え直している。この「ディーセント・ワーク」は，人権・基本権論の新たな可能性を示したものとも評価しえよう。しかし，人権・基本権論ですべての「ディーセント・ワーク」を根拠づけられるかは疑問がある。今後，このディーセント・ワーク論が発展することが待たれる。

2 マクロ的視点による調整の必要性

　規制緩和政策は，この社会では全面的に否定されてきたわけではない。むしろ，規制緩和政策は，総論としては市民社会に受け入れられてきたという現実がある。たとえば規制緩和政策の目的の一つである国際競争力の強化は，市民生活を豊かにするものと信じられているからこそ，市民社会で受け入れられてきたのであった。

　問題は，この国際競争力の強化という目的一つをとっても，それは経済活動の自由の拡大だけでは実現できない[17]。家庭生活や地域活動を担いうる市民，そして雇用社会の主たる担い手である労働者（勤労者）が豊かでなければ，いずれ企業の活力は奪われることになる。具体的な立法政策においては，このようなマクロ的視点からの調整が求められるはずである。

3 憲法学の議論の参照

　憲法学における基本的人権に関する議論は，それが通説を形成しているか否かはともかく，基本的人権規定の「私権化」という方に進化しているといっていい。

　後に述べるように，最近の憲法学説には，憲法27条の「勤労権は，適正な労働条件もしくは（人間の尊厳を侵害しない）良好な労働環境の元で働き続ける権利（いわば適正雇用維持権）を含む」とする見解があるが[18]，これは，「私権化」議論の典型であるといっていい。

　人権・基本権アプローチでは，このような憲法学等の成果をとりこみながら，展開することがのぞまれる。

---

17) 唐津博「日本における労働法の規制緩和政策―労働法規制の規範論」労旬1865号（2016年）11頁。
18) 内野正幸『人権の精神と差別・貧困―憲法に照らして考える』（明石書店，2012年）236-237頁。

シンポジウム（報告⑤）

Ⅵ 「人権・基本権アプローチ」——新たな自由・平等の視点

1 持続可能性という新たな憲法的価値

（1）　憲法前文にみる「自由」「平等」とその持続可能性の利益　　日本国憲法前文の第2項は，「われらは，全世界の国民が，ひとしく恐怖と欠乏から免かれ，平和のうちに生存する権利を有することを確認する。」として，いわゆる平和的生存権を規定している。この「平和のうちに生存する権利」は，多くの憲法学説がいうように，具体的権利ではないのかもしれない。しかし，「平和のうちに生存する権利」は，「われら」が有している「希望」であることは間違いないのである。そして，前文でいう「平和」は，「戦争」に対置して用いられており，その「戦争」は，これらの「恐怖」と「欠乏」を決定的に招いた象徴として位置づけられているのである。

すなわち，その具体的意味は，「恐怖」と「欠乏」がない社会が持続可能なことを願う「われら」が想定されているということである。そして，「恐怖」が自由（自由権）を奪われることであり，「欠乏」が健康で文化的な最低限度の生活（社会権）が脅かされることであるとすれば，ここにいう「われら」とは，基本的人権が尊重される社会の持続可能性を願う市民のことだといわなければならない。

現在，様々な領域で議論されている「サステイナビリティ」という考えは，すでに憲法の中に組み込まれていることが確認できる。

（2）　新たな憲法的価値と「場」への適用　　憲法上，持続可能性が想定されている「場」は，国民国家レベルに限られない。日本国憲法でも，結社（社会における諸活動），家庭，学問（教育），職業など，様々な「場」の存在が前提とされている。ならば，憲法がその理念としている「自由」や「平等」，そして「健康で文化的な最低限度の生活の維持・向上」という基本的価値は，国民国家レベルだけで想定されているわけではないということになる。憲法上，国家以外の市民社会における様々な「場」が想定されている以上，これらの「場」でも憲法的理念や価値が尊重されるべきである。

私企業は市民社会の中に存在し、市民社会の「公共財」を利用し、市民社会の中から労働者を雇用し、あるいは納税することによって市民社会に利益を還元している。このように、たとえ私企業であっても、少なからずの公共性を有しているのである。この公共性という点からも、憲法的原理や価値が市民社会中の様々な「場」にも認められるべきとする考えを補強しよう。

2　「生きていけること」（憲法25条）

　派遣労働者をはじめとする非正規労働者は、「生きること」すら脅かされている現状がある。たとえば、リーマンショックの際に、多くの派遣労働者が派遣切りにあうと同時に、借り上げ住宅という「社宅」をも奪われたという記憶はいまだ新しい。まさしく生存すら脅かされたのである。このような現状を放置すれば、社会の持続可能性を失わせることは自明であろう。

　このことを前提に、憲法25条を持続可能性のある社会を確保するという憲法的価値から再定義しようと思う。それは「生きていけること」[19]を確保することが、国家、場合によっては私人にも求められることがあるということであろう。

　さきに例示した住宅政策一つをとっても、この「生きていけること」という視点からの政策展開が求められると考えられる。「非正社員に適用されない賃金制度や企業内福利厚生制度の多くは、国家がすべての国民に提供すべき公的サービスという性質を持っている制度[20]」であるとの指摘がある。このような文脈では、本来、住宅政策は国家が担うものである。それがこれまでは、企業の福利厚生施策の中に溶け込んでいたといっていい。ところが、雇用と同時に住宅が失われることは、「生きていけない」状態である。一方、公営住宅を直ちに整備せよというのも無理な話であろう。この場合、過渡的な措置として、使用者・派遣先に対しては、退職・労働者派遣契約の解約後も一定期間住宅を提供する義務を課し、その費用については雇用保険から給付するなどの施策が考

---

19)　この概念は、野村平爾「資本主義と労働法」日本労働法学会編『労働法講座　第一巻』（有斐閣、1956年）1頁以下の、「生きること」「働くこと」「団結すること」の概念に着想をえたものである。

20)　深谷信夫「労契法20条を活かすための視点と論点」労旬1839号（2015年）6頁。

えられよう。

このように，国民・労働者が「生きていける」というところに焦点をあてれば，その担い手は，国家であっても私人であってもいいことになる。憲法25条は，国民・労働者が「生きていける」ための必要を満たすために，必要な措置ないし義務を，国，場合によっては私人にも課していると考えることはできないだろうか。

3 「働いていけること」——労働権の新たな解釈

(1) 憲法の想定する労働市場　いまの社会を前提とすると，「生きていける」ためには，「働いていけ」なければならない現実がある。このことを前提に，社会の持続可能性という憲法的価値を考慮して憲法27条を再定義した概念が，この「働いていけること」という再定義である。そこには「働く」という一時的概念ではなく，継続性をもって「働いていけること」が重要であるという意味がある。

(2) 「職業」という「場」　一方，憲法が想定する「職業」という「場」について検討すると，これには「職」（＝労働市場）と「職場」（多くの場合「雇用」となるが，職場特有の問題がありうるのでここでは「職場」としておく）がありえる。そして，どちらも労働者にとって重要な「場」である[21]。そうすると，憲法27条の労働権の解釈が，「失業という状態からばかりではなく，就業状態に発する面についても認めるべき」[22]とまで到達した点，すなわち私人間効力をも肯定しうる立場は，あらためて正しく評価がなされるべきである。

つまり，憲法27条から導き出される規範ないし「憲法的秩序」を考える際には，「職」＝労働市場と，「職場」が，いずれも「働いていける」ものでなければならないと考えるべきである。そうすると，最近の憲法学説がいう「勤労権は，適正な労働条件もしくは（人間の尊厳を侵害しない）良好な労働環境の元で働き続ける権利（いわば適正雇用維持権）を含む」[23]（傍点筆者）とする見解は，

---

21) 同様な立場として，西谷敏『労働法の基礎構造』（法律文化社，2016年）326頁。
22) 沼田稲次郎『団結権擁護論（上巻）』（勁草書房，1952年）111-112頁。
23) 内野・前掲注18)書236-237頁。

「働いていける」「職場」の問題として，一定の説得力をもつことになろう。

　一方，「労働の意思と能力あるものは，私企業等のもとでは就業しえないときに，国に対して労働の機会の提供を要求」するという，伝統的な労働権の解釈にも変更が求められることになる。すなわち，この「労働の機会」は，「働いていける」だけの，適正な雇用でなければならないことになる。問題は，なにが「適正な雇用」かということであろう。

　(3)　適正な雇用　　「適正な雇用」とはなにかについては，十分な議論の蓄積があるわけではない。ただ最低限確認できることは，「望ましい働き方ビジョン[24]」で示された「望ましい働き方」が「適正な雇用」を考える第一歩ということである。この「望ましい働き方ビジョン」の中の「非正規雇用をめぐる問題の基本姿勢」では，労働者がその希望に応じて安心して働くことができるよう，雇用のあり方として，「①期間の定めのない雇用」，「②直接雇用が重要」であり，どのような働き方であっても，「③均等・均衡待遇をはじめとする公正な処遇を確保することが重要である」ことが確認されている。

　この「望ましい働き方」は，「職場」を軸足に成立している従来型の正規雇用と，「職」を基軸に労務管理がなされている非正規雇用の，それぞれのメリット・デメリットが考慮されたものとなっている。したがって，これを現時点における最低限確認できる「適正な雇用」とすることができよう[25]。

4　憲法26条・憲法27条と「職」

　これまで検討したように，憲法27条の労働権は，「職」＝労働市場と「職場」の両者を対象とする規範であるということである。そして，派遣労働者をはじめとする非正規労働者の問題を念頭におく限り，良質な「職」＝労働市場への参入の問題も重要な課題である。このような視点から「働いていける」の問題

---

[24]　非正規雇用のビジョンに関する懇談会報告書「望ましい働き方ビジョン」（2012年3月27日）。なお，厚生労働省は，この報告書をもとに「このビジョンを今後の非正規雇用対策の指針として，政労使の社会的合意を得ながら，強力に取組を進めていきます。」と表明していた。

[25]　学会誌本号所収の川田知子「ドイツ労働法における立法政策と人権・基本権論」（本学会誌）で説明されているドイツにおける「Gute Arbeit」とも親和的な概念でもあろう。

を考える場合，憲法26条の問題も検討される必要があろう[26]。

この点，「キャリア権」の発想は参考となる。しかし，この「キャリア権」提唱者自身がいうように，「個人のキャリアを尊重する法理が正面きって展開されてこなかった」[27]現状がある。諏訪教授は，その原因を従来型の日本的雇用への支持に求めているが，おそらくその分析は正しい。

一方で，派遣労働者のように，労働者の中にも「職」＝労働市場自体に利益を見いだす一定の存在があるのも事実である。「キャリア権」は，むしろこのような労働者にこそ有効な概念なのではなかろうか。派遣労働を通じて一定の職業的経験を積み，それをもとに「適正な雇用」の獲得につながるという「派遣労働者のモデル」を想定したとしよう。この場合の派遣労働者は，「職」＝労働市場を通じて「職場」を獲得して，自身の生活の持続可能性を高めるということでもある。「働いていける」ことそのものである。この場合，事業規制を通じた実現だけではなく，「キャリア権」の私権化が有効な方途かもしれない。すなわち，憲法26条の私権化の問題ということである。

5 「適正な雇用」と憲法14条

「適正な雇用」の持続可能性，すなわち「働いていける」という点からは，さらに処遇格差の是正の問題は避けて通れない。さきの働き方ビジョンが「非正規雇用で多様な働き方を求めれば，雇用の安定と公正な処遇が後退し，正規雇用で雇用の安定と公正な処遇を求めれば，働き方が拘束され，グローバル経済の中で企業経営の自由度も制約される」とした認識は，労働者生活や企業活動の持続可能性を失わせているというものであり，基本的に正しい認識である。そうすると，持続可能性の確保という点からも，処遇格差の是正は大変重要な課題ということができよう。

---

[26] 諏訪康雄「学際研究対象としてのキャリア」季労249号（2015年）197頁では，「キャリアの準備と形成では，教育と学習がきわめて重要である（憲法26条）。」としている。
[27] 諏訪康雄「なぜキャリア法学は発展しなかったのか？」季労250号（2015年）206頁。

Ⅶ　労働者派遣制度と人権・基本権アプローチ

さいごに，このような「人権・基本権アプローチ」から導き出される具体的な政策カタログについて，若干の私見を述べたいと思う。

1　「間接雇用」法制の検討

労働者派遣，労働者供給事業，業務請負というように，従来から間接雇用形態は様々に存在する。もちろん，それぞれに問題を抱えているわけであるが，これにクラウドソーシングを含むプラットフォーム・エコノミーの拡大という現実にも対応する必要がある。後者も，「プラットフォーム」を介する「間接雇用」という側面があるからである。

「人権・基本権アプローチ」からこれらの問題を考えた場合，どのような間接雇用および「間接雇用」形態であっても，労働者らが「生きていけること」，そして「働いていけること」ができなければならないと考えることになる。そのためには，規制逃れのためにより規制の緩い「間接雇用」形態へとその利用を移動させる「利用者」の動きを規制しなければならない。すなわち，これら「間接雇用」に共通の条件整備＝「間接雇用法」の制定が求められる。

このような提案は，決して根拠のないものではない。現行の職業安定法の目的は，その第１条の規定にもあるように，「職業」の安定であって，「雇用」の安定ではない。にもかかわらず，職業安定法で定められている職業紹介等が「雇用」に限定されていることがむしろ不適切なのである。

2　「適正な雇用」への転換という視点からの調整

（1）　例外的雇用形態と臨時的・一時的労働力需給システムとの再定義　「適正な雇用」への転換という視点からは，労働者派遣制度は，それ自体，例外的なものと位置づけられることが必要である。この点，職安法44条によって，労働者供給事業が禁止され，労働者派遣はその例外と位置づけられている現行派遣法の枠組みは維持されるべきことになる。

シンポジウム（報告⑤）

　そのためには，労働者派遣の利用は臨時的・一時的なものであることが再度確認されるべきである。派遣法が労働市場法としての意義を有するものであるならば，それは「働いていける」だけの，「適正な雇用」への過渡的雇用形態として位置づけられる必要がある。この点，2015年改正で導入された，派遣先単位の期間制限については問題といわなければならない。

　また，この例外性を担保させるために，派遣先労働者の賃金との同一労働同一賃金原則を導入することも求められよう。同一労働同一賃金原則の導入は，労働者派遣の濫用的利用防止に効果があるからである。

　(2)　その他のカタログ　労働者派遣制度には，「適正な雇用」への転換可能性が確保されている必要がある。そのためには，派遣先に対して，充実した教育訓練の実施義務を課す必要があろう[28]。また，派遣労働者の視点から見れば，教育訓練機会請求権というように，派遣元や派遣先に対する私権を定めることが視野に入ろう。

　つぎに派遣先については，たとえば，派遣労働者に対して「無期労働契約の直接雇用」となりうる条件を明示させ，かつそのような条件に該当する場合の採用義務を課すことも一つのアイデアかもしれない。

3　「適正な雇用」の維持という視点からの調整

　(1)　安全衛生や福利厚生に関する均等待遇　労働者派遣として派遣労働者が就労している間についても，それが「適正な雇用」と「職場」であることが担保されていなければならない。このような視点からは，「公正な処遇を確保すること」の実質化が求められる。

　まず，派遣先で派遣先労働者に提供されている安全衛生に関する施策や福利厚生制度については，派遣労働者に対しても均等に提供されるべきである。この点，現行派遣法の30条の3第2項（派遣元に対する福利厚生の実施等の措置義務）や，派遣法派遣法40条3項・4項（派遣先に対する福利厚生施設等の利用機会

---

28) 浜村彰「労働者派遣の今後の法的規制のあり方」日本労働法学会誌112号（2008年）48頁は，派遣労働者の能力開発・教育訓練を通じて，良好な就労・雇用機会を提供するという独自の機能を有する限り，労働者派遣制度が法的に許容される規範的契機であるとしている。

付与配慮（努力）義務）の規定では不十分である。

(2) 公正な賃金の確保　公正な賃金の確保という視点も必要である。前述のように，同種の業務に従事している派遣先労働者との同一労働同一賃金原則の導入は別途求められことになる。しかし，派遣先に同種の労働者がいない場合も大いに想定されるところである。

派遣労働者同士で労働組合を結成し，賃金処遇のもととなる派遣料金に集団的規制を加えうる可能性は乏しい。ならば，それに代替しうる労働者派遣制度に特有な制度を構想することも一つの解決策であろう。

具体的な方法としては，①派遣労働者にのみ適用される最低賃金額を法定する方法が考えられる。これは，アメリカ合衆国の「prevailing wage」などにも通じる規制をイメージするとわかりやすい。あるいは，②派遣元らが，派遣料金の最低額に関する協定を結び，このような協定について独占禁止法の適用を除外したりする方法が考えられよう[30]。

また，派遣料金の規制に，派遣労働者が集団的に関与しうる制度を設けることも検討の余地があろう。

Ⅷ　さ い ご に

以上が，筆者が考える「人権・基本権アプローチ」の試論である。紙幅の関係で，本稿では労働者派遣を中心とする労働市場政策についてのみ検討した。しかし，このような「人権・基本権アプローチ」は，解雇規制のあり方や労働時間政策にも十分応用可能なものである[31]。

労働市場政策において「人権・基本権アプローチ」の精緻化をはかるととも

29）"prevailing wage"については，さしあたり中窪裕也『アメリカ労働法〔第2版〕』（弘文堂，2010年）265頁を参照のこと。

30）中小企業等協同組合法7条は，事業協同組合や事業協同小組合については独占禁止法の適用を除外すると定め，さらに同法9条の2第12項は，「事業協同組合又は事業協同小組合の組合員と取引関係がある事業者は，その取引条件について事業協同組合又は事業協同小組合の代表者が政令の定めるところにより団体協約を締結するため交渉をしたい旨を申し出たときは，誠意をもつてその交渉に応ずるものとする」と定めている。

に，その他の労働立法政策についても「人権・基本権アプローチ」によって議論を深化させることが，筆者にとっての今後の課題である。

(ぬまた　まさゆき)

---

31) 棗一郎＝浜村彰＝長谷川聡＝圷由美子＝渥美由喜＝毛塚勝利「シンポジウム 『生活』から考える労働時間規制」労旬1838号（2015年）6頁以下，毛塚勝利「労働時間規制の基軸を生活時間の確保に」労旬1843号（2015年）4‐5頁を参照。

総　括
―― 労働法における立法政策と人権・基本権論の
比較法的研究から得られたもの ――

有　田　謙　司

（西南学院大学）

I　はじめに

　本稿は，日本労働法学会第129回大会でのシンポジウムにおける報告全体の総括を行う，という位置づけのものである。本シンポジウムのテーマは，労働法の立法政策を論議する際に人権・基本権の視点をどう組入れるのか，というものである[1]。本稿は，このテーマに関して，本学会誌に掲載されている各国についての報告論文における比較法的研究から得られた視点についてまとめ（II～IV），今後の日本の労働立法政策論への示唆を得ることを目的とするものである（V）[2]。

　それでは，以下において順次，比較法的研究から得られた視点について，および，今後の日本の労働立法政策論への示唆するところについて，述べていくことにする。

II　人権・基本権論の労働立法政策への役割の果たし方

　比較法的研究から得られた視点の第1のものとして，人権・基本権論が労働

---

[1]　本学会誌掲載の浜村論文を参照。また，有田謙司「労働法学における基本権・人権論の今日的意義」労旬1836号（2015年）4頁以下も参照。
[2]　以下の本文において言及される内容のうち，イギリスについては本学会誌掲載の有田論文，ドイツについては本学会誌掲載の川田論文，フランスについては本学会誌掲載の細川論文を参照されたい。なお，本学会誌掲載の沼田論文は，これまでの日本における議論を跡づけ，新たな議論を提示するものである。

立法政策に対してどのような形でその役割を果たすものとなっているのか，その役割の果たし方について整理しておきたい。

　人権・基本権は，法律より上位の規範として，国によっては実定憲法規範として，労働立法を根拠づけ，枠づける役割を有するものとされているが，その役割の果たし方は，2つの形に分けてみることができる。

　第1は，労働立法の事前あるいは事後の違憲立法・憲法適合審査における審査基準として人権・基本権論が用いられる，という役割の果たし方である。ドイツやフランスでは，憲法裁判所や憲法院における違憲立法審査の中でその審査基準として人権・基本権が用いられている。日本においても裁判所が違憲立法審査を行いうることから，同様の役割を人権・基本権が果たすことになる。このような人権・基本権論の労働立法政策における役割の果たし方を「第1のパターン」と呼ぶことにする。

　これに対して，イギリスでは，1998年人権法の制定により，すべての立法は，可能な限り，欧州人権条約と一致するように解釈され，かつ効果を与えられなければならないこととされ，また，裁判所は，議会制定法が欧州人権条約上の権利と一致しないと認定する場合は，「不一致宣言」を行う権限を有するものとされている。しかしながら，「不一致宣言」は，当該立法の効力等に影響を与えず，当該訴訟当事者を拘束もしない。当該立法は，議会が救済命令を制定するまでは有効とされるのである。このようなことから，人権法は，議会主権を前提として，裁判所に「不一致宣言」をする権限のみを認め，違憲立法審査権を与えてはいない。さらには，労働立法政策を主として基礎づけるものである社会権については，欧州人権条約には定めがないことから，「不一致宣言」によるチェックについてすら期待することができない。このようなことから，イギリスでは，違憲立法審査制度が存するとはいえないが，学説においては，人権・基本権を審査基準とする司法審査の可能性を示すような議論がみられる。

　第2は，労働立法の立法形成時における議論の場で，その根拠づけと枠づけとして用いられる，という役割の果たし方である。ドイツでは，「グーテ・アルバイト（Gute Arbeit）（良質の労働）」の概念を用いて，法案形成時に人権・基本権が議論の俎上に載るものとなっている。この人権・基本権論の労働立法

政策における役割の果たし方を「第2のパターン」と呼ぶことにする。

ところで，第1のパターンでは，人権・基本権論の労働立法を枠づける役割は，司法機関によるチェック機能を通じて発揮されることが期待されている。そのため，このパターンでは，違憲立法審査・憲法適合審査が制度化されているところで，その役割が発揮されやすいものといえるであろう。それに対して，第2のパターンは，第1のパターンとは異なり，違憲立法審査・憲法適合審査の制度化を必ずしも必要とはしないものといえるであろう。とはいえ，法案作成時に人権・基本権論の観点から労働立法の内容について議論をする場（立法過程における政府と労使との事前の協議の仕組み）が制度化されている方が，その役割をより果たしやすくなることであろう。

Ⅲ　労働立法政策論における人権・基本権論の積極的側面と消極的側面

比較法的研究から得られた視点の第2として，労働立法政策における人権・基本権論の積極的側面と消極的側面という点について，指摘しておきたい。

まず，人権・基本権論が労働立法政策を展開させる積極的側面についてである。これは，換言すれば，人権・基本権論が法創造の機能を果たす側面ということになる。また，それは，人権・基本権論が，人権・基本権を十全に保障するために必要とされる立法を領導する機能ということもできるであろう。

具体的には，ドイツにおいて，Ⅳで述べる人権・基本権論と労働立法政策をつなぎ調整する概念である「グーテ・アルバイト」を用いて，それを実現するために最低賃金規制が立法化された例を挙げることができる。

次に，人権・基本権論が労働立法政策を抑制する消極的側面についてである。これは，人権・基本権論が，行き過ぎた労働立法政策を抑制し，調整する歯止めの機能の側面ということになる。典型的には，労働立法政策が，人権・基本権保障の観点から限度を超えた規制の緩和を行おうとする場合に，その歯止めとして機能する側面である。あるいは，労働立法の規制内容の再編が行われる際に，それが人権・基本権の保障の趣旨に適合するように，その内容を調整す

シンポジウム（報告⑥）

る側面もあるであろう。

　具体的には，ドイツの「グーテ・アルバイト」の実現を目的として，労働者派遣法の改正がなされたことを挙げることができよう。これに対して，フランスでは，規制を強化する労働立法に対し，憲法院での憲法適合審査において「企業の自由」・「契約の自由」からの規制の調整がなされている。イギリスでは，学説の議論において，規制緩和の方向の労働立法政策を制限し，枠づけるために，新たな人権・基本権論が展開されている。

Ⅳ　人権・基本権論と労働立法政策をつなぎ調整する概念

　比較法的研究から得られた視点の第3として，人権・基本権論と労働立法政策をつなぎ調整する概念を創出し，それを用いて，Ⅱで述べた2つのパターンのいずれかの仕方で，人権・基本権論による労働立法の根拠づけ，枠づける役割を果たすことを可能にしている，ということを指摘できる。

　具体的には，ドイツでは，労働立法政策の基本理念として「グーテ・アルバイト」の概念が創出され，労働立法の形成時にあるいは事後審査の場面において，調整機能を果たすべく，用いられている。フランスでは，「憲法的価値」（「公共の利益」と区別される）の概念が創出され，事前あるいは事後の違憲立法審査・憲法適合審査の場面において用いられている。イギリスでは，ILOで提唱された「ディーセント・ワーク（decent work）」の概念や，「シティズンシップ（citizenship）」の概念が，労働立法政策論や事後の司法審査論において調整機能を果たすべきものとして，学説の議論の中で用いられている。

　これらの「グーテ・アルバイト」，「憲法的価値」，「ディーセント・ワーク」や，「シティズンシップ」といった概念は，人権・基本権論を労働立法政策につなぎ，労働立法政策において競合する人権・基本権を調整する戦略的概念ということができるであろう。抽象度の高い人権・基本権を具体的な立法政策のレベルに落とし込むために，また，立法目的やその実現方法と人権・基本権とをめぐってかみ合った議論をする「対話」を可能とし，そのように「対話」した結果が立法に反映されるという意味においての「調整」を可能とするために

も，このような戦略的な概念が必要とされているものと考えられる[3]。

V　日本の労働立法政策論への示唆

それでは，最後に，以上のⅡ～Ⅳでまとめたような比較法的研究から得られた視点を基に，日本の労働立法政策論のあり方について示唆するところを示し，シンポジウムの総括としての本稿のまとめとしたい。

第1に，立憲主義の下における労働立法政策のあり方についてである。成文憲法を有しないイギリスの学説における憲法化論の議論が示しているように，立憲主義の下においては，憲法化された人権・基本権の視点を労働立法政策論に反映させるのは当然のことだということを，本シンポジウムの比較法的研究を通じて，改めて確認できたのではないだろうか。確かに，各国の憲法上の統治機構の仕組みや法的伝統の違いから，違憲立法審査・憲法適合審査制度の有無やそのあり様の違いや，立法過程における政府と労使との事前の協議の仕組みの制度化の有無と行った違いはあれ，立法の事前または事後のいずれかあるいは両方の場面において，人権・基本権論による対話と調整が行われる必要があることを確認しておきたい。

第2に，労働立法政策における人権・基本権間の調整のあり方についてである。労働立法は，労働者の人権・基本権の実現という目的を有するものであるが，それはまた，使用者の経済的自由といった競合する人権・基本権との「相克」の状況を伴うものとなる[4]。この人権・基本権の「相克」の状況については，立法の事前または事後のいずれか，あるいは両方の場面において，立法目的やその実現方法と人権・基本権をめぐってかみ合った議論をする「対話」と，そのような「対話」の結果が立法に反映されるという意味においての「調整」を図る必要がある。このように，人権・基本権論を労働立法政策につなぎ，競合する人権・基本権との「相克」の状況において，上述したような「対話」と

---

[3] わが国における議論として，本学会誌掲載の沼田論文は，「持続可能性」の概念を調整概念として提起している。

[4] ここでの「相克」の意味については，本学会誌掲載の浜村論文を参照。

「調整」をするためには，それを可能とするための戦略的概念が，必要とされることになるのである。そのようなものとして，繰り返しになるが，ドイツにおける「グーテ・アルバイト」，フランスにおける「憲法的価値」（「公共の利益」と区別される），ILO やイギリスにおける「ディーセント・ワーク」や「シティズンシップ」，沼田論文で示された「持続可能性」・「場」といった概念が，創出されている。それらの戦略的な概念は，「対話」を通じた「調整」を図る場として，捉えられるものといえるであろう。

　近年，わが国においては，ILO で提唱された「ディーセント・ワーク」の概念が，労働法の基本理念として用いられてきているように思われる。これをイギリスの学説におけるように，わが国においても，人権・基本権論と労働立法政策をつなぎ調整する戦略的な概念として用いるために，そのような検討視角からさらに議論を展開させていくべきなのか，あるいは，沼田報告が提起したような「持続可能性」・「場」といった概念を新たに創出し，そうしたものをこれから展開していくべきなのか，今後に議論を展開していくべきものといえよう。

　第 3 に，現代社会の変化の諸相を捉えた人権・基本権論を展開する必要についてである。イギリスの議論において参照されていた，EU 基本権憲章等に定められた人権・基本権のカタログは，人権・基本権の現代的な具体化とみることができるように思われる。EU 基本権憲章は，古典的自由権と経済権・社会権との不可分一体性を体現する内容構成となっているところにその特徴があるといわれている。[5] このような EU 基本権憲章の構成をみるとき，今日，そうした人権・基本権の現代化を図っていくに際しては，人権・基本権の主体の多面性，すなわち，市民として，消費者として，生活者としての労働者という，多面性を捉えた人権・基本権論の展開が必要であるように思われる。イギリスにおけるシティズンシップ論は，そうした視点の重要性を示すものと理解できるであろう。

　今日のわが国における労働時間規制の立法政策を考えるに当たっては，市民

---

5) 伊藤洋一「EU 基本権憲章の背景と意義」法時74巻 4 号（2002年）21頁，24頁。

であり，そして生活者でもある労働者の働く時間，休息する時間の規制はどうあるべきかといった視点が不可欠であることを考えれば，権利主体の多面性を捉えた人権・基本権論の展開を必要としていることを理解できるのではないだろうか。

　さらには，人権・基本権を労働社会関係に定着させるための人権・基本権の私権化を図る議論を展開する必要もあるであろう[6]。イギリスにおける私法・労働法の憲法化論は，私法の憲法化という逆の方向からの議論ではあるが，志向するところは同じであると考えられるものであり，そうした視点の重要性を示すものと理解できるであろう。

　以上に述べたような視点からの議論を今後のわが国において展開していく必要性を改めて強調して，総括としての本稿を閉じることにする。

（ありた　けんじ）

---

6) この点については，毛塚勝利「労働法における基本権論の深化と進化を」労旬1865号（2016年）4頁以下を参照。

《シンポジウムの記録》
労働法における立法政策と人権・基本権論
―― 比較法的研究 ――

1　シンポジウムの趣旨

● 議論の位相

石田眞（司会＝早稲田大学）　それでは，時間になりましたので，これから討論に入りたいと思います。冒頭，浜村会員から趣旨説明があり，本日の各報告の位置付けについてもお話をいただいたところです。

議論の進め方としては，最初に，本シンポジウムの趣旨あるいは問題の設定そのものについて幾つかご質問が出ておりますので，その点について伺ったうえで，比較の対象である各外国法研究の報告についてご議論いただき，つづいて日本の問題と，最後に，労働法学において，労働立法政策との関係で基本権・人権論を議論することの意義と展望についてご意見をいただければと思います。

まず，冒頭の本シンポジウムの趣旨に対して幾つかご質問が出ております。

一つは，労働政策研究・研修機構の濱口桂一郎会員からのご質問です。質問ペーパーによりますと，「新自由主義的規制緩和論と労働法規制の人権・基本権論を対置させること自体が，いささか対角線の捉え方ではないか。憲法的価値的レベルでは，労働者の基本権に対置されるのは営業の自由であり，経済理論のレベルでは，新自由主義的市場万能論に対置されるのは規制の経済的合理性を論証する，ある種の経済理論ではないか。特に前者については，近年，EU において，欧州司法裁判所が EU 運営条約上のサービス提供の自由や事業設立の自由によって，労働争議権の制約を論じたことが大きな議論を呼んでおり，そうした文脈，つまり経済的自由権と労働基本権という憲法的価値同士の相克で捉えるべきではないか」ということです。

なお，濱口会員の質問ペーパーには，日本に関する補足がありまして，「日本ではスト権問題ももっぱら公共部門のみの問題となったため，公共の福祉等が論敵で，事業活動の自由という憲法的価値と正面から対決してこなかったのではないか。また，労働市場ビジネスも，規制緩和以前は国家規制による営業の自由の安易な否定に寄り掛かって，人材ビジネスの自由と労働者保護の相克を正面から議論してこなかったのではないか」というご指摘であります。濱口会員から補足があればよろしくお願いします。

濱口桂一郎（労働政策研究・研修機構）

今読んでいただいたとおりですが，最初に浜村会員が言われた人権・基本権論を論ずるむなしさというのは，いったいそもそもなぜなのかということについて，今日の最初の浜村会員の総論や午後の沼田会員の

日本の議論というのは，午前中に紹介された英・独・仏の3カ国での状況や私が勉強しているEUの議論との間に大きな落差があるのではないかという印象を申し述べさせていただいたわけです。

やはり，人権論を正面から議論するのであれば，「向こうもちゃんとした人権なんだ。基本権論なんだ」という，いわば真剣勝負の覚悟を持って議論しないといけないのではないか。「向こうは人権でも何でもない，ただの公共の福祉だ」とか，「ただの新自由主義だ」というばかにしたような議論でやっているからそもそも話がかみ合わない，何か消化不良のような議論になるのではないかという印象を，今日，午前・午後を通じてお聞きしながら感じたものです。

主としては浜村会員に対するご質問ですが，もし，各国について担当された方から追加的にご意見等があれば，それも併せてお聞かせいただければと思います。以上です。

浜村彰（法政大学） 濱口会員が今おっしゃったことについて，私も，基本的に反対ではありません。しかし，近時の労働法の立法政策論では，そうした人権・基本権を意識した議論がきちんとなされないまま規制緩和が進められているのではないのか，という点を問題としたかったのです。私どもが本日のシンポで人権・基本権論の問題として，議論の土俵に乗せたかったのは，主に規制改革会議などに集っている市場主義的経済学者の人たちです。しかし，そういう方たちと議論をしようとしても，

人権・基本権論にほとんど興味を持っていないから，濱口会員がおっしゃったように議論がかみ合わずお互いに言いっ放しになっている状況だと思うのです。

規制緩和を進める立法策定サイドが労働法上の人権・基本権を制約するある立法を制定する際に，この政策にはこうした憲法的価値があるから，労働者の人権・基本権を制約することになってもやむを得ないという議論がなされれば，濱口会員のおっしゃっているような正面からの議論ができると思いますが，解雇の金銭解決制度の導入論を見ればわかるようにそうなっておらず，経済政策論で終始する結果となるから，実りのある議論にならない。それならどのような議論の仕方をすれば同じ土俵で論議を戦わせることができるのか，人権・基本権の観点から立法政策のありようをもう一度検討して，それを組み入れた立法政策論をどのようにしたら展開できるのか，そういう問題意識からこのシンポを設定したわけです。

それから，EUについては，EUに詳しい方からお話ししていただきたいと思うのですけど，ただ，ご質問の趣旨が人権・基本権と経済的自由権という憲法的価値同士の相克というかたちで議論すべきじゃないかということでしたら，私どももそのとおりだと思っています。

それから，日本ではスト権問題，私は，一つの例証といいますか，過去の論争の参考になる例として，官公労働者のスト権問題を出しましたけれども，あれはまさに冒頭でも言いましたように，スト禁止規定を

正当化する根拠として，最終的には，勤務条件法定主義とか財政民主主義という憲法上の統治原理を対置して，人権・基本権の制約の妥当性について正面から議論していた。結果的にそれがいいかどうかは別ですけれど，ああいうかたちの議論をもっとすべきではないかと思っています。

ただ，「スト権問題も，もっぱら公的部門のみが問題となったため，公共の福祉等が論敵で，事業活動の自由という憲法的価値と正面から対決してこなかったのではないか」というのは，確かにそういう言い方もできるかもしれないけれど，スト権保障というのは，事業活動の自由との相克の中でいつも議論されて，歴史的にもそうした議論を経て保障されてきたものだと，私は認識しています。

それから最後の「労働市場も，ビジネスの規制緩和以前は，国家規制による営業の自由の安易な否定に寄り掛かって，正面から人材ビジネスの自由と労働者保護の相克を言論してこなかった」というご指摘ですが，この点についても，私は同感で，私は従来から，1985年に労働者派遣法が労働者供給事業を労働者派遣として法的に許容したその論理というものをきちんと詰めた議論がなされないまま，今日まで至っているのではないかと思っています。

というのは，労働者派遣を従来の労働者供給事業の禁止から解除するときの政策論理の憲法的価値についてきちんと議論すべきではなかったのか。供給事業の禁止の対象から労働者派遣をなぜ抜き出して合法化したのか，その法的許容論理の憲法的価値を検討することが必要であったと思うのです。

私は，基本的には，労働者派遣という就労形態が労働者に対しより良好な雇用機会を提供する，つまり無期雇用にいたるまでの橋渡し的あるいはつなぎの働き方として，労働権保障の見地から法的に許容される限りにおいて合法化されたという考え方を採っています。濱口会員的な言い方をすると，人材ビジネスの自由の保障としての労働者派遣の解禁は，労働者派遣が労働者により良好な雇用機会を提供するという機能を有している面でかろうじて労働者保護の原理と矛盾しないんだという立論ができたのではないかと思います。

その意味では，大きく言って，濱口会員と同じような印象を持っているかなと思っています。以上です。

石田（司会）　濱口会員からのご質問について，他の報告者でご意見のある方はよろしくお願いします。

有田謙司（西南学院大学）　今，濱口会員からご指摘いただいたところで議論がかみ合わないというところ，われわれ報告者グループとしては，まさにそこを何とかしたいというのが一つの趣旨でして，そこで，われわれがこの間研究会でいろいろと議論している中で見出したのが，先ほど総括のところでも強調しました調整概念です。

それは，われわれの研究会の議論では，確か浜村会員のご発言にあったと思いますけれど，まさに労使といった利害関係者，いろいろな権利主体のバトルフィールドと言うべきものです。そこでバトルをする中

で調整して収斂させていく。各国はそういうバトルの中で「対話」を可能とし、そのように「対話」した結果が立法に反映されるという意味においての「調整」を可能とする概念というものを必要と考えている。われわれとしてはそのような理解をしたわけです。

だから、そうした調整概念は、基本権と基本権との衝突という相克の状態を調整するための概念でもあるけれども、先ほどのような経済的な論理に対抗する、あるいはそういう議論をする場としても考えられているということで、ご理解いただければと思います。

● 憲法解釈の抽象性・柔軟性

　石田（司会）　冒頭のシンポジウムの趣旨のところで、ほとんど総括のような議論になってしまいました。まだ問題の出発点ですので、さらにご意見はあろうかと思いますが、外国あるいは日本に関する議論を行ったうえで、それらを踏まえて、あらためてご発言いただければと思います。

　もう一つ、趣旨説明に関わって、近畿大学の三柴会員からご質問が出ております。質問ペーパーによりますと、「憲法適合性と時代状況適合性を意識した労働法政策論には価値を感じました。一方、日本であれば、三菱樹脂事件の最高裁判決などに顕著な憲法解釈自体の柔軟性、つまり、マクロレベルの経済・社会的な価値判断をどう評価するか、労働法学が示すことのできる付加価値は何かについて見解を伺えれば幸いです」というものです。浜村会員のお名前が出ておりますが、三柴会員のほうで、質問のご趣旨について補足をお願いできればと思います。よろしくお願いします。

　三柴丈典（近畿大学）　お尋ねした趣旨を一言で言うと、労働法学がこの問題・課題を論じる意義、もっと言うと、この課題に即した労働法学の意義について、報告者の方々のご意見を伺えれば、ということです。今回のシンポで設定されたテーマで、憲法学者とか、労働社会学者とか、労働経済学者を呼ばれなかったご判断とも関係するお尋ねです。

　今日のご報告を通じて示された事柄を私なりに理解すると、最終的には、「調整」とか「対話」などのキーワードに集約されるようにも思うのですが、これは憲法論発の議論のようにも理解できるので、では、労働法学は何を打ち出すのか。調整とか対話などは手続論と親和的だと思いますが、従来の労働法規範学は、むしろ、そうした方向性を批判してきたようにも思われます。

　となれば、例えば、労働法領域で憲法論上の人権論・基本権論を展開することが重要だとおっしゃりたいのかな、あるいは、労働立法政策の趣旨を強調されたいのかな、といろいろなことを考えたのですけれども、その辺りについて、総括者と、それからどなたか特にという方がいらっしゃれば、ご意見を伺いたく存じます。

　石田（司会）　それでは、今の三柴会員のご質問に対して、浜村会員からお答えをよろしくお願いします。

　浜村（法政大学）　難しい質問を受けたのですけれども、憲法論をやろうという

意図ではありません。確かに，「人権・基本権論」と言ったとき，その前提として労働者の人権・基本権を想定しておりました。それを踏まえたうえでの立法政策論が最近見られないなと思っているのです。

やはり，国家が人権を尊重すべき憲法上の義務を負っている以上，ある立法を策定するときに，侵害とは言わないまでも，労働者の人権・基本権を制約したり抵触したりする恐れがある場合には，当該の立法政策論が担う憲法上の価値を明らかにしたうえで討議をして，あるべき立法のかたちというものを具体化するというプロセスが必要なのではないか。それが，最近どうも足りていないのではないかというのが問題意識です。

このシンポでは，「相克」と「対話」と「調整」という三つの概念を用いていて，報告者同士でも，その意味に若干ずれがあるのは確かに認識していますが，今後の立法政策を考えるときに，人権・基本権論を適正に組み込んで，あるべき立法政策というものをどう構築していくのかという点が基本的な問題意識です。

石田（司会） では，沼田会員，よろしくお願いします。

沼田雅之（法政大学） 私のほうから一点申し上げておきます。この報告者グループで使っている「調整」とか「対話」という用語を，三柴会員は手続論のような印象で受け止められたのかもしれません。しかし，少なくとも私が念頭に置いているのは，そういった手続論ではなくて，実質的に両者がテーブルに立ってあるべき雇用政策とは何なのか，労働市場政策とは何なのかということについて実質的な対話ができるために用いている概念ですので，プロセスを重視しているというわけではありません。

もちろん，立法過程は結局のところプロセスの一つになりますけれども，そういったプロセス自体を重視しているのではなく，そこで実質的な対話がなされることを重視して使用している次第です。誤解があったとすれば，一応，補足をさせていただきたいなと思います。

浜村（法政大学） 三柴会員，質問をもう少し分かりやすくしていただけませんか。例えば質問用紙の中では，「三菱樹脂最高裁判決などに顕著な憲法解釈自体の柔軟性，つまり，マクロレベルの経済・社会的な価値判断をどう評価するのか」と書いてありますけれど，これは何を言っているのかよく理解できないので，質問の趣旨をもう一度お願いできますか。

三柴（近畿大学） お尋ねしたい趣旨は実は単純です。今日のお話は，要は，今の時代の流れで，アベノミクスを含め市場原理主義が行き過ぎている部分もあって，もう一度憲法論に照らして労働法論が何を言えるかを考え直そうというふうに聞こえたのですけれど，その参照すべき憲法論自体が実はかなり抽象的というか，価値判断的，あるいは国情などの背景に依存する面が強く，いろいろ操作が可能なのではないか。例えば日本であれば，日本の雇用モデルや典型的な組織のありようを前提に採用の自由を重視した三菱樹脂事件最判や，事

情判決を多く出した一票の格差訴訟最判に顕著なように，硬性憲法と言われながらも軟性解釈みたいな面があって，つかみどころがない。フランスの教育権に関する国策の関与もそうだと思いますが，少なくとも，どの国も，その国情によって，作り方も解釈も様々なのではないか。

賛否はともかくも，憲法論に照らすことで，むしろ生じ得る危うさというか，柔らかさをどう評価されるのかという，そこを伺いたかったのです。

石田（司会） 浜村会員は分かったようですけれど，三柴会員のご質問は，基本権・人権論ということで憲法を参照するとき，報告者グループとして憲法自体の問題性をもう少し厳密に検討する必要があるのではないかということだと私は受け止めました。この点に関して，報告者グループのどなたかから何らかの応答はありますでしょうか。

有田（西南学院大学） 今の三柴会員のご質問に的確に答えられていることになるかどうかわかりませんけれども，例えば，報告でも触れましたように，EU基本権憲章，これは抽象度のかなり高かったものの具体化を進めているわけですね。

なおかつ，これは，人というか属性に応じてかなりのグルーピング化をして，そのグルーピング化が，従来の基本権のグルーピング化というか，類型化とはカタログの配置の仕方もかなり異なっていて，私は，それをかなり現代的なものだというように見ていますし，イギリスの学説でもそのような評価が一般的だろう，と考えておりま す。

だから，一方では，そういう具体化するような努力というもの，つまり，これまで抽象度の高かったものを，例えば労働権ならその中身をさらにもっと具体化するといったようなことも，やはり検討する必要がある。おそらく，今の憲法学にそれを期待するのはなかなか難しいから，それが，われわれが労働法学としてやはり取り組むべき課題の一つだという認識を，私自身は持っております。

石田（司会） 今の三柴会員へのお答えということで，報告者の側からほかによろしいでしょうか。

沼田（法政大学） 三柴会員は，憲法解釈自体に柔軟性があるからそのような憲法に依拠して論を進めること自体が不安定さを惹起させるのではないかというご懸念なのではないか思います。しかし私は，憲法解釈はある程度柔軟であっていいと思っております。それは，時代状況によって，例えば「憲法25条」の「最低限度の生活を営む」という，その「最低限度の生活」というもの一つにしても，時代状況によって変わってくるはずなのです。

そういう抽象度が高いが故に，逆に時代適合性が出てくるというところは，私たち報告者グループは，積極的に評価しています。むしろ，それがあるからこそ，少なくとも私の報告の中では，持続可能性（サステイナビリティー）というのを導き出せると考えています。そして，持続可能性については，どういった立場であったとしても，今の日本の危機的な状況を考えれば，困難

シンポジウムの記録

であるという共通の理解に立てる概念だと思っています。そのことは，議論のテーブルに載せられる概念たり得るのではないかと思います。

そういうことを導きだせる柔軟性があるからこそ，こういった議論が展開できるのではないかと私たちも考えているところがあります。三柴会員の理解とは異なるかもしれませんが，私は，そういう立場から報告をさせていただいたということです。

石田（司会） 三柴会員，よろしいでしょうか。三柴会員の質問に対する応答については以上にさせていただきます。今議論したような問題については，最後の総括のところでさらなるご意見をいただければと思っておりますので，その段階で，ぜひ積極的にご意見，ご質問をいただければと思います。

2 イギリスにおける議論

石田（司会） それでは，報告の順番に従って，次は，イギリスに関する有田会員のご報告についての質疑に移りたいと思いますが，有田報告に対する質問は，ペーパーとしては出ておりません。もしフロアでご質問があれば，この場でぜひ挙手をしてご質問いただければと思います。イギリスをフィールドにしてご研究されている方も多いと思いますので，ぜひ積極的にご質問いただければと思いますが，いかがでしょうか。唐津代表理事はいかがでしょうか。

唐津博（中央大学） 私も同じ研究会で，いろいろ議論に参加させていただいているのですが，イギリスの議論を基に何か新しい議論の場をつくるというときに，例えば，ご報告にあるような特定の研究者の議論を紹介して，イギリスではこうだ，と言えるのか。例えば，日本でも菅野先生や西谷先生などいろんな方がいろんな議論をするわけです。

日本の議論はどうだというときに，特定の学者でそれを代表させてよいのか。それには，やはり，幾つかの制約があると思うのですね。その点は，有田会員はいつもどういうふうにお考えなのか，その点何か教えていただければ有難いのですが。

有田（西南学院大学） 何か一番厳しいような質問で，方法そのものを考え直せと言われるようなご質問であったかと思いますけれど，確かに，その点は重々承知をしております。

言い訳がましくなりますけれども，そもそも一つは，イギリスの労働法の研究者の数が相対的に少ないという中で，代表的な学者がどのような議論をしているのかということを，全体にはならないかもしれないですけれども，イギリスの労働法の議論を大きくリードしているという認識のもとにまとめたということです。

本当は，もっとたくさんいろいろな人がいろいろなことを議論している状況を描ければ言うことはないのですけれども，イギリスにおいても，ある種一部の学者は，特にこういう憲法化とか，シティズンシップ論というような議論を積極的に展開している。けれども，日本と同じように，議論としては全体として盛んに行われているとい

う状況でないことは確かですので，その点については，確かに，学会誌に書くときには少し分かるように触れておきたいと思います。

ただ，1998年の人権法が制定されて以降は，労働法のテキストでも，人権に触れられることが増えていることは申し上げておきたいと思います。適切な答えではないと思いますけれども，ご勘弁いただければと思います。

石田（司会） ほかにいかがでしょうか。また総括のところ等で，イギリスそのものでなくてもかまいませんが，関連してご質問があれば，そのときお受けすることにします。

3　ドイツにおける議論

● 協約自治の機能

石田（司会） それでは，続きまして，ドイツに関する川田会員の報告へのご質問に移ります。

川田会員のご報告には幾つかの質問がペーパーで出ております。一つは，弁護士の中村会員からのご質問です。質問ペーパーによりますと，「日本では組合の弱体化，組織率の低下，組合の交渉力の低下が言われています。ドイツでは協約自治がかなり強調されていますが，ドイツでは，この協約自治はどの程度機能しているのでしょうか。また，機能しているとしたら，日本の労働組合とドイツの労働組合の違いはどこにあるのでしょうか」というご質問ですが，中村会員，補足がありましたらお願いします。

中村剛（弁護士） 基本的に書いたとおりで，本日のテーマからは若干外れるかもしれないのですけど，集団的な労働関係ということで，私自身，以前は企業に勤めていて，労働組合に所属していたこともあるのですが，正直，企業と対等に交渉するというような感じでは全くなかったので，その点，ドイツではかなり協約自治を強化することを目指しているというようなことがかなり強調されていました。

ちょっと調べてみたら，ドイツは組織率が高いかというと，別にそんなこともなさそうだったので，その辺りはどうなっているのか，あるいは，その協約自治の強化を目指している方向性がうまくいっているのかどうかという辺りを，ドイツ，あるいはイギリスやフランスなどでもあれば，お願いしたいと思いまして，質問しました。

石田（司会） それでは，川田会員，よろしくお願いします。

川田知子（中央大学） 今回の報告内容のメインというわけではありませんが，協約の話をかなりさせていただいたので，このような質問が出てきたのだと思われます。まず，ドイツにおいては，伝統的に，産業別に組織された労働組合と使用者団体が，協約システムにおいて中核的な役割を果たしてきました。そして，ドイツでは，労働協約で労働条件決定の重要な仕組みがなされていて，産業別に組織された労働組合と使用者団体との合意の中で，賃金や労働時間などの労働条件を組織的に詳細に規定しています。これまでは，労働条件規制

における労働協約の役割がドイツの大きな特徴であったと言えると思います。

ただ，今日の報告でも述べましたように，労働組合の組織率の低下や使用者団体を脱退する企業の増加，企業別労働協約の増加，協約開放条項など様々な要因によって，労働協約の機能低下が問題になってきています。したがいまして，どの程度機能しているのかというと，以前に比べたら，かなり機能低下をもたらしている状態にある。その結果，レジュメ２頁の「国家の役割」というところで，グーテ・アルバイト（Gute Arbeit）と協約強化の２点を掲げていますが今日，協約の力が低下している中で，ドイツでは協約を強化していこうという，そのような動きが出ているということです。

したがいまして，中村会員のほうからご指摘があった点で，どの程度機能しているのかというと，現在ドイツでは，協約の機能を強化するための法政策が行われている状態にあるということです。

● **労働協約による強行法規からの逸脱と協約締結能力**

石田（司会） よろしいでしょうか。それでは，続いて，川田報告への第２番目のご質問ですが，弁護士の宮里会員からのものです。質問ペーパーによりますと，全体としては，国家による雇用労働条件についての立法規制と労働協約による離脱の関係についてということでご質問です。１番目として，「離脱協約の内容が違法または無効と判断されるのはどのような場合か。その判断基準は何か」ということと，２番目として，「離脱協約の違法・無効を争った近年のケースとしてどのようなものがあるのか」。訴訟としては，協約適用下にある労働者が原告となる，そういうケースということだと思いますが，「その判断の結果は」ということです。宮里会員から補足はありますか。

宮里邦雄（弁護士） 立法政策と人権・基本権論という大所高所の話がある中で，ちょっとマイナーな質問かもしれませんけれども，日本法の考え方だと，国家法による労働条件規制立法に反する労働協約は公序良俗に反して無効と判断されることになると思います。

ドイツでは，協約自治の原則が非常に強調されていて，エスケープ（条項）ができると。そうすると，先ほどの議論との関係で言うと，国家による労働条件規制立法が，人権・基本権を基調にして制定されながら，一方において，その人権を制約するエスケープが，労使自治の協約によって認められるということになるのでしょうか。これはドイツ特有の法制度なのかもしれませんけれども，協約が，内容によっては憲法違反というような判断が出る可能性はないのでしょうか。

あるいは，エスケープ条項は，立法趣旨を大きく逸脱しているので許されないという考え方になるのか，その辺について教えていただければと思います。

川田（中央大学） 宮里会員のご質問は，本日私が報告した内容，特に，ドイツ労働者派遣法の均等待遇原則と協約による逸脱を踏まえてのものだと思います。2016

年の改正法案においても確かに協約の逸脱規定が予定されていますが、それは現時点では裁判上の問題になっていませんので、現行の労働者派遣法における均等待遇原則のデロゲーションの問題についてお答えします。

恐らく、以前は協約に対する労使の信頼が厚く、労使の間で正しい判断をして、労働条件を規律できるのだというお互いの信頼関係があったと思います。ところが、均等待遇のキリスト教系の労働組合が他の労働組合などよりも低い条件で労働協約を締結するといったように、内容的に逸脱するようなケースが見られるようになりました。それについては、2010年に連邦労働裁判所は、そのような労働組合には、労働協約締結能力（資格）を認めず、当該労働協約を無効とする判決を下しました。これが典型的な事例だと思います。

第二に、EU法上は、均等待遇原則の適用除外とかデロゲーションは許されるけれども、どのような場合に許されるかといったら、全体的に派遣労働者の保護が保障されているような場合に逸脱が許されるという考えがとられていたと思います。

石田（司会） もし、補足的にご発言いただける会員がいらっしゃいましたら、特にドイツについて、いかがでしょう。

毛塚勝利（法政大学） 宮里会員のご質問に、「昔取った杵柄」よろしく補足しますと、ドイツには、例えば日本の労基法に当たる保護法規を労働協約で破ることを認める協約任意的強行法という概念があります。西谷会員はこれに協約に開かれた法という訳語を当てていたかと思います。いずれにしても労働時間の法的規制を協約で破ることを認めるわけですから、協約への信頼が高いわけです。そういう前提が昔からあるという意味で、ご質問にありましたように、ドイツの労働協約は産別組合の協約ですので、協約に対する信頼感は日本と異なるということかと思います。

それと、雇用形態の相違にかかる均等待遇と協約法との関係ですが、これまた日本でも問題になりますけれども、これは、均等処遇の規範的根拠をどう理解するかによるのではないかと思います。例えば平等原則に求めるのであれば、これは契約の自由や協約の自由を直ちに否定するわけではありませんし、特に労働組合が労働協約で労働条件を設定する場合には、協約内容に公正保障の推定が働くこともあって、協約による逸脱なり例外を広く認めることになるという認識に基づく議論だと思っています。

石田（司会） 宮里会員、よろしいでしょうか。今の点について、関連してご質問があれば、お願いします。

井上幸夫（弁護士） 宮里会員の質問に対するお答えについての質問なのですが、労働協約を無効と判断した判決の理由として、その労働組合に協約締結能力がないということですが、なぜ協約締結能力がないと判断したのか、その理由は何かを教えていただけますか。労働協約を無効にする判断基準があるのかどうか、なぜ労働組合なのに協約締結能力がないと判断されたのかということですけれど。

石田（司会） それでは、川田会員、

よろしくお願いいたします。

川田（中央大学） この協約締結能力については，労働協約法に規定があるのですが……すみません，ちょっとすぐに出てきません。

毛塚（法政大学） 組合の実態の問題で，ドイツのキリスト教労働組合が作った派遣労働協約の協約締結団体について，その構成組合が極めて限られた人数しか組織していないことや組織範囲を超えて協約締結権を授権している等の理由で協約締結能力を否定したということだったかと思います。

川田（中央大学） 今，毛塚会員がおっしゃったように，先ほど問題になったケースは，全く形骸化されたような協約であるし，労働組合で明らかにデロゲーションをうまく使って逃れようという見え見えの事案があったので，分かりやすかったのかもしれません。

● 最低賃金法と労働協約

石田（司会） この点に関して，他の会員はいかがでしょうか。

山本陽大（労働政策研究・研修機構） 1点，お伺いしたいのですが，現在，ドイツの連邦議会で審議されている改正労働者派遣法案に関しては，ご報告にもあったとおり，まさに労働者の保護と企業の経済活動の自由のバランスを取るために，協約逸脱規定が置かれ，それによって両者の調整が図られているわけですね。一方，最低賃金法のほうですけれど，こちらのほうでは，協約逸脱規定は置かれていないわけですよね。確かに，同法中には，2017年の末までは最低賃金額を下回る労働協約も有効と認める規定が置かれていますが，これはあくまで一時的な移行規定であって，協約逸脱規定ではありません。

ただ，実際に2015年1月1日に今回の最低賃金法が施行された時点では，ドイツの幾つかの産業分野では，最低賃金額である8.50ユーロを下回る協約というのが存在していたわけです。もちろん，規制対象になる労働条件ごとに協約逸脱規定を設けるかどうかというのは，政策的判断にとって最も重要なポイントだと思います。しかしその一方で，今まさに議論されておりましたように，ドイツにおいてはまず，協約締結の入り口の段階で労働組合側は協約締結能力を具備することが求められていて，この点の審査を通じて，結果締結された協約の内容の正当性も同時に担保されるという関係があるわけです。

そうすると，今申し上げたような協約締結能力論が担っている機能をも視野に入れた場合には，改正労働者派遣法案と同様，最低賃金法に関しても，調整のやり方の一つとしては，協約逸脱規定を設けるという政策的オプションもあり得たのではないのかと，私は思っています。この点，川田会員はどのようにお考えになるか，ご意見をお聞かせ願えれば幸いです。

川田（中央大学） 実は，私が今日の報告の中で最賃法の話をしたときに，最低賃金と労働協約というのは，対立する構図ではなくて，あくまでも補完の意味を持っているということをお話しさせていただき

ました。賃金の決定においては，やはり原則的には労使に委ねられていることがまず前提としてあって，これは揺るぎないものであると，しかし，そこに有効な賃金協約が結ばれないような場合に国家が介入をするという，補完的な役割としての最低賃金法であると認識をしています。

さらに，現在のドイツの最低賃金法の場合には，実際の最低賃金額が，労使で組織される最低賃金委員会によって決められているので，そこにおいて既に労使が関わっているという前提があります。そのような点を踏まえると，派遣法のようなデロゲーションを入れる必要性がまずないということ，それが第一点です。

もう一点は，今日の報告でも申しましたが，最賃と派遣法という同じ労働政策立法においても，求められているものがかなり違っているのだと思います。今日の報告の中で，最低賃金という最低限度の生活保障という一番根底の部分が揺らいでしまっている部分にデロゲーションを入れるという選択肢はあり得なかったのではないかという気がいたしております。

石田（司会）　山本会員，よろしいでしょうか。では，もうお一人手が挙がっております。

和田肇（名古屋大学）　私はもともと最賃などあまり勉強していなかったのですが，「季刊労働法」217号に，ドイツの最賃の最近の経過について書いたものですから，少しご紹介したいと思います。

なぜドイツが法定最賃を入れたのかというと，最低賃金も含め，最低労働条件については協約で定めるという大原則があって，賃金についてもずっとそれをやっていたのですけれども，例えば東ドイツ地域には3ユーロとか4ユーロぐらいの仕事が出ていました。これはさすがに放置できない大きな問題だった。

どうして協約自治の強化なのかということですけれども，ドイツの労使自治については，先ほどから組合の組織率のことをお話しされていますが，使用者の組織状況も考えなければいけない。使用者が使用者団体から離脱して，協約の拘束から離脱しようとする傾向が続いています。これを何とか止めなければいけないというのが，もう一つの理由としてある。

そういうことが背景にあって，8.5ユーロという全国一律の法定最賃を導入しましたが，これはヨーロッパの水準から言ったら決して高い水準じゃない。フランスの最低賃金はもっと高いレベルのものです。8.5ユーロは，必ず達成しなければいけない基準として設定された。

どうしてデロゲーションしなかったのかというと，協約には猶予期間が設けられています。猶予期間を設けることによって対応している。この猶予期間が，切れる段階で全て8.5ユーロを確かクリアしているはずです。十幾つの協約が，そういうかたちで猶予措置を持っていました。

協約強化法という法律の名称についてですが，これは協約を弱体化するから，「協約自治強化法」なんて名付けるのはおかしいという批判もあった。しかし，協約の最賃委員会で決めることで，今年の6月に，

次の最低賃金の引上げが決まっているのですけれども、その規定の中に労使交渉の状況を見ながら最賃を決めるという条項が入っています。どういうふうに今度の最賃の額を決めたかというと、それまでに各種の労働協約で決められた最賃を、あるいは物価の上昇とか、賃金の引上げとか、そういうものを考慮しながら新しい最賃を決めています。そうすると、ドイツ人に言わせると、この部分では、協約自治というものを十分尊重しているとされる。その意味で、協約（自治）強化法の一つの内容だと彼らは言っている。このように労使自身によって賃金を決めるという仕組みは依然として残しているというところは、ドイツの最賃法の新しい状況で、しかも面白いところだと思います。

● 日独における議論の相違

石田（司会） ドイツの立法と協約自治との関係の問題でかなり深く入ってまいりました。だいぶ事態がはっきりしてきたと思います。

質問用紙のほうに戻らせていただきます。川田会員への質問はもう一つありまして、関西大学の川口会員から、「ドイツでは、最低賃金法と労働者派遣法の基本法適合性が議論されているとのことですが、同様に団結権、団体交渉権、職業の自由等が保障されている日本では、両法の規制内容の違憲性は問題にならないと思います。日・独の議論の相違は、日・独の法制度、法行動等のどのような相違に基づくものなのか、お教えいただければ幸いです」ということ

です。

川田（中央大学） 日本では、ドイツとは違って、抽象的違憲訴訟の可能性が認められていないので、それが日本とドイツの大きな違いであるということが、川口会員のご質問に対する答えかなと思っています。

それと、日本の裁判所は、違憲判断に対して極めて消極的になっているところがあるのかなと。最高裁が違憲判断に消極的になってしまうということは、結局、その法律は合憲になっている、裁判所が、「その法律は大丈夫ですよ」ということを認めてしまうということになる。日本でも、裁判所が違憲立法審査権と言って、法律をちゃんとチェックすべきなのであろうというのは感じました。答えになっていなくてすみません。

石田（司会） 川口会員から、ご意見があればよろしくお願いします。

川口美貴（関西大学） お聞きしたかったのは、日本の場合、最低賃金法で法定最低賃金を決定するということ、派遣法で均等待遇原則を定めること、あるいは派遣法で派遣期間の上限を定めることが、協約自治や労使自治を侵害し違憲ではないかという議論は起こらないと思うのですが、ドイツではそのような議論があることについて、その違いが何に起因するのか、特に憲法と基本法とか、法制度全体の構造の中に違いがあるのかということで、もしあるのなら教えてください。

川田（中央大学） ドイツの最低賃金法についてですが、これは先ほども申しま

したように，ドイツでは労使自治が重要な役割を果たしていて，その中で労使が労働条件を決定していくという長い伝統がずっと続いていたわけです。そこに賃金ダンピングの問題や，派遣労働者の低賃金問題が起こったとしても，そこに国が介入をすることに対しては，経済界だけではなくて，かつては労働組合もそれに反対をしていました。自分たちがやるべき領域に国が介入して，法律で規制を加えるということには，組合も消極的であったということです。その背景として，国が最賃法によって介入することは労使自治を侵害するという主張があったのだと思われます。それは恐らく，日本とは違うドイツの特徴というか背景があるのだと思います。派遣法の分野については，すみません，もう一度お願いできますでしょうか。

川口（関西大学）　派遣法の中の均等待遇原則等が，協約自治や労使自治に違反するかどうかということが，ドイツで議論となり日本では議論とならない理由について教えていただければ。あと，それから，ドイツと日本の議論の違いが，ドイツの伝統によるものなのか，それとも両国の法制度なり法構造に起因するものなのかも併せてお教えいただければ幸いです。

川田（中央大学）　派遣法における均等待遇について，協約自治への介入や職業の自由の侵害などが論点になったのは，2002年の派遣法改正の際に均等待遇が初めて導入をされたときです。この主張は経営者の側から起こり，均等待遇原則が設けられると，自分たちの基本権を侵害するという経営側からの訴えが起こりました。連邦憲法裁判所は，派遣法における均等待遇原則は，協約自治への介入に当たらず，職業の自由も侵害しないとして，合憲であると判断しました。

先ほどの最賃のところで，伝統なのかどうかということに関して言うと，そうですね，すみません，ちょっと考えさせてください。

石田（司会）　よろしいでしょうか。ご指摘いただいた問題については，報告者のほうでさらにお考えをいただくということにしたいと思います。ドイツについて，さらにご質問，ご意見等ありますでしょうか。よろしいでしょうか。では，司会を代わらせていただきます。

4　フランスにおける議論

● 企業の自由と権利という視点

浜村（法政大学＝司会）　ここから，浜村が司会を務めます。次は，細川会員からのフランス労働法における立法政策と人権基本権論，特に合憲性審査における雇用の権利の意義と課題に関する報告についてご議論をお願いいたします。ほかの国と比べて，フランスの場合は，問題の立て方が逆転している，つまり私の問題意識やイギリス，ドイツの議論の状況も，おもに行き過ぎた規制緩和に対して人権・基本権の視点からそれをどう抑制するのかという問題の立て方で議論しているわけですけれども，フランスの場合は，それが逆転して，労働立法が制定されるときに，それが使用者の

契約の自由を侵害しているのではないか，あるいは雇用の権利と使用者の自由をどのように調整するのか，というかたちで議論されているといった議論状況の紹介がなされました。

細川会員についての質問は，1件出ています。早稲田大学の浅倉会員からですけれども，1つ目の質問が，「人権と言う場合，労働者の人権を想定されているのが当然としても，一方で企業の人権というものを対置して調整を考えておられるのでしょうか。三菱樹脂事件最高裁判決では，強い一方を企業者として同等に対置しているようですが，今回の報告ではどうなのでしょうか。報告者の間で位置付けに差がありますか。細川報告では，企業の自由について権利として位置付けられたように聞こえます」というものです。

もう一つが，「フランスでは，雇用の権利が主として雇用政策を根拠づけているだけではなく，解雇規制を正当化する根拠にもなっているという方向であったように聞こえたのですが，むしろ逆なのではないでしょうか。解雇規制を正当化しない雇用の権利はあるのでしょうか」という，これはちょっと難しい質問ですけども，1つ目の質問，及び2つ目の質問について，浅倉会員のほうから補足がありましたら，お願いします。

浅倉むつ子（早稲田大学）　今，司会の浜村会員が説明されたことが重要だと思います。つまりフランスでは，人権，基本権，規制緩和との関係がほかの国とはアプローチにおいて異なるということなのですね。

私はそこを理解しないまま質問していたのですが，このまま細川会員への質問を続けます。

1番目の質問についてです。三菱樹脂事件最高裁判決では，「企業者」と「労働者」という言葉を使っており，これは労使を「個」対「個」という権利主体として対峙させている判決だと考えているのですが，細川会員のご報告では，レジュメでは「企業の自由」としておられましたが，口頭でのご報告の中で「企業の権利」という言葉も使われたように思ったので，その点を確認させていただきたかったのです。

2つ目は，読んでいただいたとおりなのですが，レジュメにある「憲法前文の第5項」を見ると「各人は，勤労の義務および雇用の権利を有する」と書いてあります。これは労働者個人の権利であろうと考えるのですが，細川会員のご報告では，先ほど質問したように，何か逆転しているように聞こえました。それはいったいなぜかということについて，ご回答いただければありがたいです。

細川良（労働政策研究・研修機構）　ご質問に正しくお答えできているか分かりませんが，それぞれについて私なりの現時点での認識を答えさせていただきます。

まず1点目なのですが，浅倉会員からのご質問をいただいて，あらためて関係する憲法院判決を確認しましたが，一般論として，雇用の権利が他の権利または自由というものを不均衡にならない範囲で制限し得るということは，憲法院が多くの判例で述べているところです。

ただ，浅倉会員からご指摘をいただいた企業の自由との関係で，例えば解雇の規制に関する判例を確認したのですが，そこでは，問題とされているのは，企業の自由に対する過剰な侵害があるか，すなわち違憲の判決が出たものについては，企業の自由を過剰に侵害するので違憲であるという判断が示されていることが確認できます。

　ということは，以上の限りにおいては，憲法院は「企業の自由」を過剰に侵害してはならないと述べているのは確かである一方，それを憲法上の権利として位置付けているのかどうかという問いについては，明確ではないのかなと，現時点で暫定的にお答えさせていただきたいと思います。

　以上の，企業の自由というものを権利として位置付けるか位置付けないかということの違いが，具体的に憲法院による判断に明確な影響を与えているか，この点の違いから，雇用の権利に基づく立法規制が企業の自由に対してどこまで制約をおよぼすことが可能なのかについて明確に差が出てくるのかというのが，恐らく次に問題になると思うのです。この点については，今の段階では調べが足りなくてきちんとお答えすることができないので，この点については課題とさせてください。貴重なご指摘をいただき，ありがとうございました。

　それから二つ目の点については，私の説明不十分だったと思います。ここで私が話したのは，2002年の「労使関係現代化法」で，経済的解雇に関する規制というものが問題となった事例です。確かに結論としては新しい立法（経済的解雇に関する新たな規制）が違憲だという判断がされたのですが，その際の判断にあたって，雇用の権利という憲法上の要請を踏まえたうえで，企業の自由に対する過剰な規制であり違憲であるという判断がされています。すなわち，解雇に関する規制をする際に，「雇用の権利がこうした規制の根拠になる」ということが明確にされたという点で，意味があるという趣旨で説明をいたしました。

　ただ，前提として，従来，雇用の権利というものがどういうものと考えられていたかということについては，先ほども報告の中でも申し上げましたが，一般的には各人の雇用を実現するため，端的に言えば完全雇用の実現のために，全体としての雇用というものを最大化して，その結果として各人の雇用を実現するという労働政策を行うということを国家に対して命じる，あるいは，国家がそういう立法をするということを正当化する，その根拠として従来は位置付けられてきたわけです。

　そして，そこで想定されていたのは，基本的には，例えば報告の中で言えば労働時間立法など，その他様々な雇用政策に関する立法を正当化するということだったわけです。そして，このことは，2002年判決以前の憲法院判例でも明らかにされてきました。

　ただ，雇用政策立法をすることによって，全体の雇用の確保を実現して，ひいては各自の雇用の獲得を実現するという話と，じゃあ，実際に今得ている雇用を維持する権利というものが，どれだけ論理的につながるかということは，そこは議論の余地があ

り得たわけです。この点については，2002年の判決が出るまでは，少なくとも明確ではなかった。雇用を維持する権利，すなわち，「雇用を実現するために解雇規制をする」ということが果たして憲法上の根拠に基づいているものなのかということについては，少なくともこの判決が出るまでは明確ではなかったのですけれど，そこが明確になったわけです。

そして，このことが明確化されることによって，解雇の規制が例えば使用者の自由を侵害するものであったとしても，雇用の権利を守るという目的があるので，不釣り合いにならない限り，こうした規制が違憲ということにはならないということが明確に確認されたということに一応意味があるのかなと，私としては認識しています。日本の場合，そこはどうなのかというのは，私ではすぐに答えが出ないのですが，一応，フランスについてはそういうことだということで，私からの答えになります。

浅倉（早稲田大学） ご説明をいただいて，ご報告の中身がよく分かりました。しかしやはり違和感が残ります。一般的，抽象的な雇用政策は，雇用の権利との関連では間接的ですよね。一方，雇用の権利は，解雇から守られる労働者の権利保障とは直結しているはずなのではないでしょうか。2002年判決については，たまたまそれまでそういう判断がなされなかったにすぎないだけで，もともと当然に権利として含まれているはずではなかったのかと私は思ってしまうのですけれども。もし，別のご説明があればお願いしたく存じます。

細川（労働政策研究・研修機構） 今の，浅倉会員にご指摘いただいたのは，まさにそのとおりです。もちろん，浅倉会員のご指摘のとおり，2002年の判決が出るまでは，雇用の権利が解雇の規制の根拠になるとは考えられなかった，むしろそれに対して否定的だったという趣旨では全くありません。この判決でそのことが確認をされたという，そういう趣旨ですので，その点は留意しておきます。

● 憲法論との関係

浜村（司会） 浅倉会員の1番目の質問について，私のほうから若干補足します。というのは，各報告者の中で，日本においても使用者の自由とか企業の自由という言葉が使われますけれども，フランスの場合には，企業の自由というのはかなり特殊な歴史的背景がありまして，1960年代までは企業長が，企業内の支配権を完全に握っていた。要するに，企業は組合も入れない企業長の聖域であるという議論がまじめに議論されていました。

それについては当時，ジェラール・リヨンカーンが，「いや，そんなことはない。企業という組織体も全部労働契約理論を説明できるのだ」という批判をしていたのですけれども，企業長の自由というのはかなり法的にも承認されていて，それが変わってきたのは1960年代の後半，特に1968年の5月革命のときに，労働者の参加というものが盛んに議論され，企業長の聖域を次第に浸食していくといいますか，企業内にも民主性原理を持ち込むということが一つの

労働法における立法政策と人権・基本権論

大きな流れになってきました。

そうした中で、例えば1968年の企業内組合の活動に関する法律とか、あるいはミッテラン政権時の企業内の経済的社会的民主主義を発展させ、従業員代表制度を強化する法律が登場し、さらには1990年代に入って企業内の労働者のプライバシーの権利を尊重する法律が制定されるというように、そういう労働立法を積み重ねながら使用者の自由や企業の自由というのを制限してきたという歴史的経緯がありますので、日本で皆さんが言う「企業の自由」とか「使用者の自由」とはかなり文脈が違うのでないかなという気がしています。

今までお話ししたことに全然関連しない内容でもいいですから、フランスに関する細川会員の報告についてご質問のある方、お願い致します。それでは、私のほうから。最近、労働法律旬報の巻頭言の「私の論点」で、矢野会員が、フランスの細川会員が報告した内容に重なるような論文を書いたと耳にしております。私はまだそれを読んでいないのですけれども、矢野会員、いらっしゃいますか。細川報告について何か感想めいたものでもよろしいですから、お話をお願いします。

矢野昌浩（龍谷大学） 今日の細川会員の話は、シンポジウム全体が、憲法というのをいろいろな政策を考える際の指針とか、あるいは政策、政治の行為規範というふうに幅広く取られて、議論をする共通のものを設定しようというかなり大きな構えをつくっているのに対して、どちらかといえば裁判規範を念頭に置いた議論をされた

のだろうと受け止めました。

特に、今日いろいろ整理していただいて、優先的憲法問題として事後的な違憲審査が認められて以降、フランスでも労働法と憲法との関係が問題になっているということは、今日ご報告されたとおりです。「憲法化」という言葉が使われたのですけれども、今日の話から先に行ってしまう話なのかもしれませんが、どういう憲法化なのかということが問題になるのだろうなと思っています。

そういう中で、ちょっと話がそれるかもしれません。憲法論の中で労働法を考える、特に裁判規範を中心に考えていくというときに、従来、労働法の議論では、自由・平等という観点から、どちらかといえば市民法と言ったほうが日本では分かりやすいかもしれませんが、そういった観点からいろいろ議論がされてきた。その議論の立て方と何がどう違ってくるのかというのを、私自身は今考えているところであります。

フランスでも、企業の自由がフランス人権宣言の規定に根拠を持つとされ、これ自体はフランスの憲法の教科書の中でも解説されていて、それと雇用への権利とか労働権とか言われるものとの関係が問題になっています。そういう議論の立て方ではない、自由・平等、特に労使間の自由・平等という問題の立て方と何が違うのか、細川会員が報告を準備される中でもし考えられた点がありましたら、教えていただきたいということです。

あと、もう一点付け加えるとするならば、フランスの従来の人権保障というのは、ド

ロワ・リベルテ（droit-liberté），自由としての権利というものだったのに対して，雇用の権利ということで今日ご紹介いただいたものを含む，フランス第四共和政憲法の前文の中に盛り込まれた新しい人権というのは，定訳がまだないみたいですが，ドロワ・クレアンス（droit-créance）と言われるものです。

日本的に言うならば，立法者が介入していく根拠規範であったり，もう少し強く言えば抽象的権利であったりするわけですけども，これにもつまり2種類あって，一つは社会保障関係などで一般的に見られるように，立法者が介入することによって，個人に，国家に対抗する具体的な権利を保障するというタイプのものと，それから，雇用への権利というのが代表的ですけれども，社会政策目的を追求するための集団的な規制はするのだけれども，個人に対して，それ自体何か国に給付を具体的に求めるような権利を保障するものではないという種類のものがあります。

そのうえで，先ほど，今の憲法院の判決の中で定型的に繰り返されるということで，報告の中で紹介があった1983年の憲法院判決ですけれども，これは，個人が就労することに対する制約を，より多くの者が就労する機会を保障することによって正当化したという判決だったわけです。

個人の労働権とより多くの者の労働権の保障，その両者の調整をどう考えるのか。今日お話になっている労使間の調整という話だけではなくて，労働者の中で集団と個人をどういうふうに考えていくのかという側面もあるのかなと，お話を聞きながら考えていたということです。

細川（労働政策研究・研修機構）　非常に難しいご質問というか，課題をいただきまして，何とお答えするかというのを今ちょっと考えているところです。

今，矢野会員からご指摘いただいたことは，私自身，報告するにあたってかなり気になっていたというか，頭に片隅にずっとあったことです。特に，今，矢野会員にご紹介いただきました，いわゆるdroits-créancesとして捉える社会的な権利と，労働の自由，あるいは平等の権利との関係，あるいは，もちろん，労働者以外の自由と平等との関係といったことをどう考えるかということです。確かにフランスの労働法学者の中にも，いわば46年憲法前文の趣旨，すなわちプログラム的な，droits-créancesの性質を持つものと考えられてきた雇用の権利というものを，そのような従来どおりの考え方をしていくのではなく，労働者の自由あるいは平等ということに着目する，むしろ，労働者の自由あるいは平等のほうからアプローチをしたほうがいいのではないかという議論があることは，承知しています。

以下は全くの仮定でしかないのですが，一つの仮説というか，推論です。憲法院は明確には言わないのですけれども，報告の中にも少し触れましたとおり，どうも自由とか平等というものに比べると，droits-créancesの性質を有する，例えば社会権的な，あるいは雇用の権利というものに対して劣位に置くとまでは明確には言いませ

んが，結論から見るとそういう傾向はあるようにも見える。つまり，一般的に憲法院は諸権利の中でも自由・平等により重きを置く傾向にあるのかなと思えるわけです。

　そのことを前提とするならば，労働者の自由あるいは平等に着目したアプローチを取るという方法が，戦略的にはいいというのは確かに理解できるのです。

　しかし，それを正面から言ってしまうと，では46年憲法で実現した雇用の権利，その他の社会的な権利というものの意味はどこに行ってしまうのかなという，そういう疑問があります。46年憲法が新たに実現した社会的な権利の意義を安易に捨ててしまうというのは言い過ぎですが，自由あるいは平等という異なるアプローチを取るのが本当に妥当なのかというのは，私としては若干疑問を抱いています。ただ，これは，まだ十分に説明できていないので，今後の課題としたいと思います。

　それから，矢野会員からご指摘をいただいたお話の中で，1983年の憲法院判決を踏まえて，一人の雇用と全体の雇用という関係をどう考えるのかというご指摘をいただきました。これについて，一つ示唆的だと思うのは，CPE（Contrat première embauche）ですね。初期雇用契約とか初期採用契約とかというふうに訳される，若者の新規採用だと，2年間は理由を問わず解雇できるという，例の立法です。この制度は，ご承知のとおり，フランス全土で猛反発が起こったという社会的な状況があって最終的には撤回されました。

　しかし，この法律自体は，憲法院はその憲法適合性についてどう判断したかというと，全く違憲ではないという判断をしました。「全く違憲ではない」という言い方はちょっと語弊がありますが，最終的な結論としては違憲ではないという判断をして，その中で，まさに若年者の総量としての雇用の獲得を実現するためであれば，先ほど浅倉会員からご質問いただいた話とも関連しますが，まさに雇用を維持される権利ですらも，ある種，新たな立法によって制約をするということすら許されるという判断をしたということです。このように見ると，矢野会員からご指摘をいただいたとおり，今なおフランスでは，「雇用の権利」とは全体としての雇用の権利を実現することを意味するものなのだという考え方が，非常に強いといえると思います。フランスの憲法院はそのように考えていて，そのことが結局，雇用政策について立法者の裁量というものを幅広く認めるということにもつながっているのだろうと考えているところです。

　ではそれでいいのかどうか，個々の労働者の雇用の権利に着目した場合，それはいくら何でもおかしいのではないかと考えたとき，全体としての「雇用の権利」に対置できるものが何か設定できるのか。それが，個々の労働者の自由であったり，平等であったりという議論になってきているので，結局そこに戻ってくるしかないのかなというところで，私も今ちょっとジレンマを感じているところです。

　この点については十分なお答えになっていないということは重々承知しております

5　人権・基本権論について

● ヨーロッパと日本での前提状況の相違

浜村（司会）　それでは，次に沼田会員についての質疑応答をしたいと思います。沼田会員については1問，脇田（滋）会員のほうから，次のような質問をいただいております。

「人権・基本権論アプローチのお話を興味深くお聞きしました。共鳴できる点が少なくありません。ただ，ヨーロッパ諸国では，このアプローチが成立する状況，労働組合の力量とか政治対抗力等があるので，相克，対話，調整が行われていると理解しました。しかし，日本の場合は，その前提が大きく崩れているのではないでしょうか。特に（労働者）派遣法は，労働者間の分裂・分断が本質でした。その結果，政につきましては規制緩和政策の推進を進め，公，学者を含めての公ですけども，違法状況の蔓延を黙認，放置してきた」，かなりきついことが書かれています。

「それから，使については，規制緩和の筆頭項目として対象拡大の要求を続けた。労働者，労につきましては，いわゆる正社員組織で，派遣労働者を代表しない。こういった状況を前提に形成され，また，それを一層強めたのが派遣法30年でした。多くの人権・基本権アプローチが成立するには，ヨーロッパとは違う相克が正しく成立しない状況が日本にはあった」，このあとはちょっとかすれちゃって見えないのですけども，私の推測では，多分，ヨーロッパの議論と日本の議論は前提が全く異なり，日本では，相克の前提そのものが成立していないというご意見だと思うのですが。

沼田（法政大学）　脇田会員がおっしゃるとおり，ヨーロッパ諸国では，こういった相克，対話，調整というのが行われる前提があるのではないかと思います。それに対して，日本ではどうなのかということについては，私も，脇田会員と同じ見解です。そして，少なくとも，これまではそういうことがなされてこなかったことに問題があると，私は考えています。

例えば，報告の中で例示したNHKの番組（2016年9月25日放映NHKスペシャル「縮小ニッポンの衝撃」）という例を挙げながら，政府や公を代表する方々に，「このままで本当に社会は持続しますか」と問う。

また，使用者に対しても，非正規労働者を使い続けるということが，ひいては，この日本の社会の，そして企業社会の持続可能性を奪っていることになりませんかと問いかける。

さらに正規労働者を中心にする組織する労働組合に対しても，自分たちの利益ばかりを守るという非常にミクロ的な視点だけで，こういった問題にコミットしているというのは，結局，自分たちの家庭とか，市民生活とか，あるいは自分たちの雇用社会とか，そのものの持続可能性が失われていませんかと問題提起をする。

これらの問いに対して，「いや，持続可能です」という方はあんまりいらっしゃら

ないと思います。

　だったら、そういった観点から労働市場政策がどうあるべきなのかということを、大所高所から同じテーブルに着いて議論しようではないかと提案できるのではないかと考えたわけです。本報告では、例えば、政府とか公を代表する方、それから、使用者を代表する方、そして労働組合の代表者に対して、あなた方が考える雇用労働市場政策における持続可能性を担保させるものはいったいどういうものなのかということを明らかにしてもらう。それによって、様々な立場の意見を同じ土俵の上で調整することができるのではないか。本報告は、そういう可能性を示したものであります。

　そういう意味では、脇田会員のおっしゃっていることは全くそのとおりだと思っています。それを何とかして変えたいと自分なりに模索をして、今日の発表をしたという次第です。

6　報告全体を通して

●「調整」という概念

　浜村（司会）　それでは、最後の質問で、これは全体あるいは有田会員に対する最後の総括報告に対しての質問に関わるものですけれども、豊川会員のほうから二つ質問が出されています。調整する、この概念の共通用語として、今日もみんなが使っておりますけれども、調整という概念が憲法秩序の中での、人権別労働基本権の再定義により企業をコントロールするものか、どのように考えていくか。これは、あとで説明、コメントしていただきたいと思います。

　それから、もう一度人間の尊厳、社会国家、持続可能性という概念は、労働基本権の内容を深めるものでしょうか、再定義するものでしょうか。これは、川田会員と沼田会員に共通した質問というかたちで出されておりますけれども、豊川会員のほうから補足をお願いいたします。

　豊川義明（弁護士・関西学院大学）　私は、今日の報告について、今、日本の雇用改革が出ている中で、諸外国、沼田会員は日本について言われたわけですが、イギリスは少し置いて、そのような憲法秩序のもとにもう一度裾野を広げて立法論を提示すると、こういうふうな大変チャレンジャブルな報告だったと思っています。

　私は、二つ質問をしたわけですけれども、私が言いたかったのは、私も、憲法学の対話とか、あるいは持続可能性ということについて発言をしてきたわけですが、少し、シンプル、原理的にいいますと、人間、それから、人間の労働があって、その労働が社会に還元される、事業を媒介として還元されていくというのが社会だと思うのですね。そういう社会の中に、あるいは社会の基本として憲法秩序があると、僕自身はそのように考えているわけですね。

　そうすると、労働という問題は、日本国憲法では、「27条」、「28条」そして「13条」論もあるわけです。そのような憲法、基本権から労働ということを見ていくわけですけれども、それは狭いと、やっぱりもう一度、憲法秩序全体の中で労働基本権という

ものを見直す，こういう作業がイギリスでもドイツでも，フランスは分かりにくいのですけれども，やっぱり始まっているんだなというのが，実は私の実感であり，理解です。

川田会員が言われたように，日本の司法というのは，ほんとに憲法不在の日本の官僚司法ですから，ドイツの司法のようにうまくいきませんけれども，それもやっぱり労働法学のほうとして，そういう議論をしていくのであろうと思います。

川田会員が言われた社会国家，人間の尊厳，それから，この中で議論が出ていましたけれども，自由・平等という問題がありました。私としては，労働法の中においても，人間的な労働，人間の尊厳，または共同連帯ということを重視したい，こういうふうに考えていますので，ご報告いただいた方のどなたでも結構といえば申し訳ないのですけれども，また，ご意見を聞かせていただければありがたいです。

有田（西南学院大学） 私自身は，二つのことを併せて行っていく必要があるだろうと考えております。先ほども少し，三柴会員のご質問に答えるなかで発言しましたけれども，人権・基本権の内容を現代的に具体化するという作業をやはり一方で行っていく必要がある。

つまり，戦略的な調整概念として，もう少し下りたところで対話をし，調整をするために必要とされると思われる概念の中身とか，そこでバトルをするにしても，何と何を突き合わせてバトルをするのかということを考えるにあたっては，やはり，例えば労働権というこの一言では恐らく済まないだろうということです。

そうすると，労働権というのは，こんにち的には，いかなる権利としての内容を含んでいるのかということについて，やはり，われわれは再検討をし，こんにち的な意味内容をあらためて確定するということをしていく必要があるのではないかと考えています。

私自身は，戦略的な調整概念ということで言えば，ディーセントワークをそのようなものとして，日本ではきちんと議論を進めていくのが良いのではないかと考えております。それは，かなり多くの方々が，ディーセントワークということについて，こんにちの日本における考え方としても受け入れているということを前提として，今の日本の置かれた状況の中で，ディーセントというのは何なのかを考えたときに，それが基本的な権利が保障された状態ということも，当然，内に含むわけですから，先ほど言ったもう一つの作業を併せて突き合わせていくことによって，状況を変えていくような調整の場というものを何とか生み出していくというような議論へ展開していければと考えている次第であります。

ついでに，イギリスのことで一点だけ補足すると，実は，イギリスにおいても，対話を通じて調整をという仕組みが，こんにちうまく機能していないと言ってよいかと思います。これは，おそらくドイツもそうだと和田会員がおっしゃっていましたけれども，使用者団体のほうの問題もあろうかと思います。

つまり，こんにち，イギリスの労働組合は，産別であっても，職能別であっても，個々の使用者，企業と団体交渉をせざるを得ないという状況にあります。また，これは，ユーイング（Ewing）という先生にメールで質問をしたのですけれど，彼自身は，すごく熱心に労働組合にコミットされていて，労働運動に期待を掛けていました。

では，事前に政府が労働立法を提案するに際して，例えば「TUC（Trades Union Congress（労働組合会議））と CBI（Confederation of British Industry（イギリス産業連合））と政府が3者交えて，その法案内容について討議するような場というのは制度化されていますか。そういう場はありますか」と伺ったところ，基本的には制度化されたものはないけれども，非公式には行われている，ということでした。ただし，特に今，保守党政権にあるということもあるのでしょうけれども，政府というものは，基本的に法案を一度決めると，方針自体は大きく変えない，ということも言われていました。

それでは，なぜそういう非公式な対話をするかといえば，それは実務上の細かい点について何か不具合がないかということを，例えばTUCから聞きたいといったことではないだろうか，ということのようです。

このようなことを考えると，まさにイギリスの今の特定の一部の学者の議論とはいえ，こんにち，報告をしたような内容の議論が展開されている背景には，イギリスにおいても既にそのような，現実としては対話を通じた調整をすべき相克の状態はあるのかしれませんけれども，それについて対話を通じて調整するという状況にはないことがある，という点を申し添えておきたいと思います。

　沼田（法政大学）　豊川会員の質問の内容は，私たち報告グループの人権基本権論が，様々な調整する概念なのか，それとも，憲法秩序を再定義するものなのか，どちらなのかということが含まれるのではないかと思います。私の報告は両者ありまして，前者のほうが，今まで相克という状態だったものを同じテーブルに載せるという意味では，調整し得る概念だと思っています。

ただ，そこで議論する話は，私は，こういったサステイナビリティ（持続可能性）という観点から，例えば「25条」や「27条」，「26条」なんかも含めて，別な定義ができるのではないかという私の私見の部分は，憲法秩序を再定義する部分だったと思っています。

● 「社会国家原則」の位置付け

　浜村（司会）　もう一つの社会国家，持続可能性という概念は，労働基本権の内容を深めるものでしょうか，再定義するものでしょうか。今までの概念の中に答えが出ているとは思うのですけど，何かありますか。

　川田（中央大学）　社会国家原則は，ドイツの基本法の中で基本権として位置付けられているわけではありません。しかし，社会国家原則のもとにおいて，国家は社会的弱者に対して基本法上保護されるべき利

益の保護を義務づけられています。そして、社会的弱者として労働者も念頭に置かれています。最低賃金法や労働者派遣法も社会国家原則のもとで労働者の保護を念頭に置いていると思います。ただ、社会国家原則は、直接、具体的な権利を導くものではないので、今回の最低賃金法のように、社会国家原則を反映した人間の尊厳や人格の発展というかたちで用いられているようです。

それでは、社会国家原則は基本権の内容を深めるものになるのかどうかというのは、具体的にお答えすることはなかなか難しいのですけれども、例えば、「ドイツ基本法20条1項」の社会国家原則に加えて、「同条3項」には、「立法は憲法的秩序に拘束され、執行権および司法は、法律および法に拘束される」と規定されています。これによって、国は社会的弱者に対する保護を義務づけられて、立法に際して憲法的価値を反映させることによって影響を及ぼし得ると理解しています。この点は、日本の労働政策立法と基本権を考えるうえで重要であろうと考えています。

7 総 括

浜村（司会） これまでお話してきましたように、報告者には、最近の立法政策論において、人権・基本権論がないがしろにされているという思いがありました。

とりわけ、先ほどお話しましたように、最近の規制緩和策の多くは、経済産業省がバックにある規制改革会議で議論されていて、そこには「労」の主張が入っていないかない。とりわけ、実際に立法するときは、手続的には厚生労働省の政策審議会を通るはずですけど、そこでは法規範論を踏まえた何かしらの議論をしているかというと、どうもそうではないのではないかという印象を、申し訳ありませんけれど、ちょっと持っています。

そうした中で、やはり、人権・基本権論に聞く耳をなかなか持ってくれない特に経済学者をターゲットにして、彼らを共通の土俵に載せてかみ合った議論をするためにはどうしたらいいのかということが共通の問題意識でした。

それから、そういった土俵としてのフォーラムを設定するための概念として有田会員は、「ディーセントワーク」、川田会員はグーテ・アルバイト（Gute Arbeit）とか良質な労働という概念をキー概念としています。それから、沼田会員は、サステイナビリティ（持続可能性）という概念がそれに当たるのではないかと主張されています。

いずれにしても、そういった戦略的概念をまず立てたうえで、人権・基本権論を組み込んだ立法政策論について議論をする場を設定する、そうすることによって初めて、かみ合った議論がなされ、その結果としての調整が成立するのではないかということを考えていました。

とりわけ、ディーセントワークについては、西谷会員がご著作をお書きになっていて、私などは勝手にこれは今言った議論をするための戦略的な概念じゃないかと、あるいは舞台を設定するための大きな意味を

持った概念として設定しているのではないかという印象を持っております。また，この報告のための研究会には毛塚会員に加わっていただき，報告者の中で共通の問題意識を形成するうえで，貴重なご助言をいただきました。

そこで，最後に，西谷会員と毛塚会員のほうから，今日の私たちの報告と議論を踏まえて何か話していただけないか，「おまえたちの報告は全然駄目だ。私が言いたいことを全然理解してない」ということも踏まえて，ちょっとお願いしたいと思います。

西谷敏（大阪市立大学名誉教授）　まず，労働政策について論じるにあたって，現在は基本的人権という視点が十分でないから，これをもっと重視すべきであるという問題意識については賛成です。

ただ，今日のお話を聞いていて，最後までちょっと違和感が残ったのは，基本的人権に関する「対話，調整」を強調された点です。有田会員も，「イギリスでは難しい」とおっしゃいましたけれども，基本権に関する「対話，調整」はどこの国でもそれほど簡単じゃないですよね。

確かに法的な議論をする以上，人権相互の調整は当然必要であり，労働者の基本権が一方的に貫徹されるものではない。これは自明のことです。しかし，現在の日本で問題なのは，政策提言をする使用者側，あるいは立法作業をする政府が労働者の基本権に対してあまりに無理解だという点にあるのではないでしょうか。そうだとすれば，あまり簡単に「対話」や「調整」の段階に話をもっていくのではなく，もう少し人権の「相克」にこだわる必要があるのではないか。つまり，労働者に保障されている基本的人権の内容をどのように理解するのか，そして，それとの関係で使用者の自由というのは憲法上どのような位置付けを与えられるのか，という問題の次元でもっと議論をつめる必要があると思います。

司会者が私の「ディーセントワーク」論に触れてくださいました。私は，「ディーセントワーク」は，憲法上労働者に保障された様々な基本的人権を労働の内容という観点から整理したときに得られる一種の「人権」と考えています。それは直ちになんらかの法的効果を生じさせる「人権」ではないにしても，立法政策や法解釈を方向づけるという意味で，「環境権」などと同様の意味での「人権」と考えています。それは，労働者の基本的人権の内容を具体化した概念であり，使用者の権利・自由と調整したうえで成立する概念とは考えていません。もちろん，ディーセントワークの実現にあたっては，使用者の権利・自由との関係で限界があるでしょうが，それは労働者の基本権一般に当てはまることです。

同じようなことが，グーテ・アルバイトという概念にも当てはまるのではないかと思います。この概念について詳しいことは知りませんが，受けた印象からすると，ドイツ基本法1条1項の「人間の尊厳」や2条1項の「人格展開の自由」，さらに14条1項の「職業の自由」から引き出される労働のあり方というイメージのような気がします。そうだとすると，それも，使用者の自由・権利と調整されたものというよりは，

とりあえずは労働者の視点からの要求と言えるのではないでしょうか。

「持続可能性」というのは，これらの労働者の人権とは多少異なって，使用者も恐らく否定はできないだろうという意味では，共通の舞台になるかもしれません。

私は，労働立法と基本的人権について論じるにあたっては，まず何よりも労働者の基本的人権の内容を明確にすること，そしてその意義について使用者側と政府・立法機関も共通の認識を持つことが重要であり，そのうえで，これらの人権と使用者側の権利・自由との調整を図りつつ立法論を考えるというのが基本的な筋道であると思います。今日の報告者の主張が，仮に労働者の権利を多少薄めることによって使用者側との議論の共通の基盤をつくろうとすることであるとすれば，賛成できません。

毛塚（法政大学） 立法政策については，もともと，自分なりの考え方があって，三つのジセイ（自制・自成・自省）からなるワークルール・アプローチということを説いてきました。立法政策は環境変化に応じた理念と原理の調整問題という考えだからです。ただ，今回，立法政策を人権論的に位置付けて行うという視点が僕にとっても新鮮に思えたのは，それは，浜村会員が言うように，こちらが人権論で示して切り込まないと，人権論からの反論もないということもありますが，もう一つ，学会の会員の中にも立法に携わる方がいるわけですが，政労使であれ公労使であれ，立法政策を議論する際にはまず共通の土俵設定を行うべきこと，そして，この共通の土俵作りを求めるのが人権論的アプローチだという問題提起をしたことではないかと思っています。

例えば派遣であれば，派遣という働き方がどうあるのが望ましいのか，労働者側も使用者側も認識を共有したうえで議論することが必要で，特に派遣法の目的は何なのかを確認をしないまま派遣法の改正議論をやってきたために整合性がとれていないのが現行の派遣法だと思います。労働時間であれば，現代の労働時間に関わる問題を共有し，どういう労働時間規制がいいのかを，労使含めて了解事項を作って議論することが必要と思うのですが，それがなされていない。浜村会員も指摘したように，経済学者であれ，使用者であれ，否定できない現代の日本社会における雇用労働や労働時間のあり方を確認して議論をしないとかみ合わない。

そう考えると，例えばグーテ・アルバイトは，西谷会員がいうように，一定の憲法上の人権規定に依拠した価値表現として理解するのではなくて，労働者の人権と使用者の人権がぶつかり合うなかで，すべてのステークホルダーが否定できないものの価値表現，人権調整の媒介項として理解することが妥当であるし，必要なのではないか。

働き方改革がいま喧伝されていますが，どういう働き方にするか明解な了解がないわけです。どういう働き方が望ましいとするのかを確認したうえで議論する。その点，今回の人権論による立法政策アプローチの試みは，個別政策の人権論的基礎づけを求めるだけでなく，人権と人権とを調整する

媒介項をつくり，議論の共通土俵を設定することの必要性を報告者の皆さんが意識したということではないかと理解しています。

ただ，沼田会員の具体的な出口として提示されたサステイナビリティは，法政策の前提的な認識としてはあり得るのだろうけども，個々の労働立法のあり方に関して具体的指標を提示するものになるか疑問です。雇用のあり方や労働時間のあり方に関して，すべての関係当事者が否定できない土俵となるより具体的な中間的媒介項を設定していくことが必要ではないかと思います。

もうひとつ，今日は議論として出ませんでしたけれど，立法政策の人権論とは憲法27条2項論だという認識もあったかと思います。「勤労条件に関する基準は法律で定める」というものの憲法論的な意味づけを議論したことが伝わってこなかった気がします。憲法27条2項の労働条件法定主義の意味は，時代時代に生起する労働問題は異なることを踏まえ，人権・基本権のカタログを調整して提示することであり，とりわけ，現在求められているのは，有田会員も指摘したように現代の労働者像の多様性を踏まえたうえで，人権・基本権をどう現代的に再編，調整して労働立法に落とすことだと理解すれば，27条2項もまた人権・基本権のカタログ相互を現代的に再編する中間的媒介項を求めていると理解すべきではないか，そんなことを議論したことも覚えています。

川田（中央大学）　先ほど，西谷会員からディーセントワークとグーテ・アルバイト（Gute Arbeit）のご指摘がありましたので，ちょっと一言だけ。ディーセントワークとグーテ・アルバイトは，私の報告の中ではほぼ同じ概念として紹介しました。両者は，内容的には類似点がありますが，相違点もあると思っています。例えば，西谷会員がおっしゃっているディーセントワークは，ILOという伝統的な国際労働基準を設定したり，干渉するような機関が掲げている目標であって，それ自体法規範とは言えないのかもしれないけど，法規範にかなり近い概念であると私は理解しています。

逆にグーテ・アルバイトという概念は，ドイツでは労働組合を中心とする内発的な要求から出てきたもので，自発的に下から押し上げて出てきたものであるので，規範とはまだ言えない。社会的規範になり得るのかもしれませんが……。労働組合が内発的に運動論として出してきたものが，現在のドイツの政策文書の中に反映されるようになってきています。それは，「良質の労働」とは何かということを，労働組合だけではなく，国家としても，また恐らく経営者サイドも考えていく中で，徐々に社会規範なり，法規範に昇華していく。グーテ・アルバイトとは，そのように下から突き上げてくるものであると思っています。

そのような意味から，グーテ・アルバイトと基本権との直接的な結び付きについてはまだ解明できていませんが，「調整」という意味での反映は十分可能であると考え，今回の報告の中心に据えました。

浜村（司会）　繰り返しになりますけれども，私どもは，立法政策論を論じる場

合に，人権・基本権をいかにして組み込むかかという問題意識を持ち，その一つの方法として共通の土俵づくりをする必要がある，それが例えばグーテ・アルバイト，あるいはディーセントワーク，はたまた持続可能性ではないのか，というようなまとまりのない問題提起をしました。

ただ，こういった議論は，学会においてこれまであまり行われてなかったという思いがありますので，今後のかみ合った議論を進めるうえで，一つの問題提起になったのではないかと思います。長時間どうもありがとうございました。

（終了）

回顧と展望

季節労働者の再採用拒否と労働契約法19条　　　　　　　　　　　　島田　裕子
　　──Ａ農協事件・東京高判平27・6・24労判1132号51頁──

地方公務員における一般職・特別職の区分と「非常勤職員」への
　年休に関する虚偽告知を理由とした損害賠償　　　　　　　　　早津　裕貴
　　──中津市（特別職職員・退職手当）事件・最三小判平27・11・17
　　労判1135号5頁（第1事件），中津市（特別職職員・年休）事件・
　　大分地中津支判平28・1・12労判1138号19頁（第2事件）──

海外勤務者に対する労災保険適用の有無　　　　　　　　　　　廣田久美子
　　──国・中央労基署長（日本運搬社）事件・東京高判平28・4・27
　　労経速2284号3頁──

季節労働者の再採用拒否と労働契約法19条
——A農協事件・東京高判平27・6・24労判1132号51頁——

島　田　裕　子

（京都大学）

I　事案の概要

1　本件は，Y（被告・控訴人）が運営する営農センターにおいて，平成8年から平成24年までの間，32回にわたり，いわゆる季節労働者として春期（3月下旬から6月中旬），秋期（9月下旬から11月下旬）の育苗業務等に従事していたX（原告・被控訴人）が，平成24年秋期以降の労働契約締結を拒否されたことについて，不当な更新拒絶であるなどと主張して，Yに対し，労働契約上の地位の確認並びに未払い賃金等を求めた事案である。

2　Yは，作業員について広く一般に向けての求人活動を行なっておらず，前年から雇用されている作業員を引き続き雇用できることを見込んで概ねの人員配置を想定し，稼働計画を立案していた。各期の作業開始にあたっては，電話等で採用希望の連絡があると，この稼働計画と，申込者の都合を考慮して，作業開始日と作業終了日を決定し，その後，作業開始日に労働契約書を作成しており，契約期間開始後に契約書を作成することもあった。

3　本件紛争が生じる前において，作業員への採用を希望してYに拒否された者はおらず，Yが勤務態度の不良等を理由に契約を破棄した事例が1件あるのみであった。作業員の中には10年程度，あるいはそれ以上にわたって雇用されていた作業員が13名以上いた。

4　Xは，平成8年春期からYで勤務するようになった。平成14年9月から，XはYの了承を得て訴外ホテルで勤務したが，平成15年3月にホテルを退職し，同年春期から再びYで勤務した。平成8年春期の採用時には簡単な

面接が行われたが、それ以降は毎回、電話で日程を調整し、作業開始時に契約書を作成するだけで、面接等は行われなかった。また、遅くとも平成15年春期以降の契約書には「本契約満了後の再契約は、保証されない」との記載があるが、その文言についてYが説明をしたことはなかった。

5　Xは、平成24年9月4日、Yの事務所を訪れ、同年秋期の採用希望を申し入れたところ、Yはこれを拒否した。

6　一審（長野地判平成26・12・24労判1132号61頁）は、各期の労働契約の空白期間が長期にわたることから、労働契約法19条2号の適用を否定したが、同条の類推適用を認め、Yの再契約拒否は、客観的に合理的な理由を欠き、社会通念上相当であるとは認められないとして、Xの地位確認請求及び未払賃金請求を認容した。そこで、Yが控訴した。

II　判　旨（控訴認容、原判決取消し）

1　労働契約法19条2号の適用の可否

「本件各労働契約に労働契約法19条2号の適用がないことの理由は、原判決（……）に記載の通りであるから、これを引用する。」

2　労働契約法19条2号の類推適用の可否について

(1)「労働契約法19条2号は、期間満了後も従前の有期労働契約が継続することに対する労働者の期待と、期間満了による従前の有期労働契約を終了させる使用者の必要性との調整をはかるため、労働者が有期労働契約の契約期間の満了時にその有期労働契約が更新されて継続するものと期待することについて合理的な理由が認められる場合において、使用者が雇止めをすることが、客観的に合理的な理由を欠き、社会通念上相当であると認められず、契約期間の満了時までに当該有期契約の更新の申込みをしたとき又は当該契約期間の満了後遅滞なく有期労働契約の締結の申込みをしたときは、雇止めは認められず、使用者は、従前の有期労働契約と同一の労働条件で労働者による有期労働契約の更新又は締結の申込みを承諾したものとみなす旨を規定する。同号は、従前の

有期労働契約を継続させる一種の法定更新を定める規定であり、法定更新の法律効果の発生を明確にするため、契約期間の満了時までに当該労働契約の更新の申込みをしたこと又は当該契約期間の満了後遅滞なく有期労働契約の締結の申込みをしたことをその法定更新の要件と定めるものである。」

XY間の各有期労働契約は、「労務の性質等から、それぞれ一定の季節の一定の期間に業務が終了することが当然に予定されて」おり、「各有期労働契約の終了時に次年度の各有期労働契約の期間を確定的に予定することも困難」である。さらに、本件各労働契約間の空白期間は、「各契約期間と同程度ないしそれ以上の長さに及んで」おり、Xは、それぞれの契約期間の少し前にYに対し「契約締結の意向を伝え、契約開始の都度契約書を作成している」。そして、「春期又は秋期の各有期労働契約の終了時に次期についての始期付雇用契約が締結されていたとは認められ」ず、「同様に、ある年の春期の有期労働契約の終了時にその翌年の春期又は秋期の有期労働契約が締結されていたと認めることはできず、また、秋期の有期労働契約の終了時に翌年の春期又は秋期の有期労働契約が締結されていたと認めることもできないというべきである。」

そうすると、本件各労働契約について、Xが「従前の有期労働契約と同様の労務を提供する労働契約関係に立つことを期待していたとしても、その期待は、従前の有期労働契約が継続する期待として合理的な理由があるものと認めることはできず、労働契約法19条2号の趣旨を及ぼすべき有期労働契約の更新に対する合理的な期待が存在するとは認められないものといわざるを得ない。」

(2) そして、労働契約法18条2項および19条柱書の規定に照らせば、「同条2号を類推適用するについて、各契約間に全く空白のないことまで求めているものではない」が、「同号の趣旨及び『当該契約期間の満了後遅滞なく有期労働契約の締結の申込みをした場合』という文理からすれば」、「上記空白期間は、各有期労働契約の契約期間との対比などから、従前の有期労働契約が法定更新によって継続されると法律上評価することができる程度のものにとどまることを要するというべきである。しかし、本件各労働契約における各労働契約間の空白期間は、上記の程度にとどまるものとは認められない」。

(3) さらに、Xはそれぞれの有期労働契約が開始される少し前にYに対し

て「契約締結の意向を伝え，契約開始時に契約書を作成して」おり，「各有期労働契約の終了から次の有期労働契約の開始までの間に3か月ないし4か月の期間があ」ることからすれば，このようなXの「契約締結の意向の伝達は，直近の有期労働契約の終了後3か月ないし4か月程度経過後にされる上，上記伝達時から直ちに契約期間が開始するものでもないことに照らすと，直近の有期労働契約が更新される法律効果の発生を明確にする役割を果たしているとは認められないのであって，その他，有期労働契約の契約期間の満了時までに当該有期労働契約の更新の申込みをしたこと又は当該契約期間の満了後遅滞なく有期労働契約の締結の申込みをしたことと同視し得るような事実関係も認められないことを併せ考慮すれば」，XとYの「各有期労働契約に同法19条2号を類推適用することは，同条が，その法定更新の法律効果の発生を明確にするため，『契約期間が満了する日までの間に労働者が当該有期労働契約の更新の申込みをした』こと『又は当該契約期間の満了後遅滞なく有期労働契約の締結の申込みをした』ことを要する旨を規定する趣旨に反する」。

(4) 以上判示の点を総合すると，Xが「平成8年からほぼ毎年，春期と秋期に」Yとの間で「本件各労働契約を締結してきたことなどの(……)諸事情を考慮しても，本件各労働契約について，労働契約法19条2項を類推適用することはできないものというべきである。」

3　結　　論

「本件において，労働契約法19条の適用ないし類推適用が認められない以上，平成24年秋期以降の」XとYとの「労働契約の成立を認める余地はな」く，Xの請求は，「いずれも理由がない」。

Ⅲ　検　　討

1　本判決の意義

本件の主な争点は，反復継続されている季節的雇用に，労働契約法（以下，「労契法」という）19条2号が適用あるいは類推適用されるかである。一審は，

本件における季節労働者と，労契法19条2号によって保護される有期労働者の利益状況を同様と評価し，本件への同号の類推適用を肯定した。これに対し，本判決は，本件の各有期労働契約間に相当程度の空白期間があり，それぞれが形式的には別個の契約であることを重視して，類推適用を否定した。本判決は，季節労働者の雇止めに関して，労契法19条2号による保護の余地をほぼ完全に否定するものであり，この点に実務的な意義があると考えられる。

2　労契法19条2号の適用の可否（判旨1）

　まず，本判決は，一審判決を引用して労契法19条2号の本件への適用を否定した。一審判決は，①期間満了前の「更新」の申込みと，期間満了後の契約の「締結」の申込みが区別されていること，②「遅滞なく」といった労契法19条柱書の文言から，同条は前後の契約が時期的に接続していることを想定しているとし，本件への労契法19条2号の適用を否定した。

　労契法19条は，雇用関係の継続に対する労働者の利益を，一定の条件のもとに保護するものである。そのため，期間満了によって雇用関係が終了し，その後の別の労働契約締結について労働者が利益を有するに過ぎない場合，同条は適用されない。つまり，争われているのが，従前の雇用関係の継続といえるか，あるいは新たな契約の締結かが，労契法19条の適用にとって重要となる。この評価において，空白期間の長さは重要な考慮要素である[1]。一般に，季節労働者の場合，季節ごとに雇用関係が一旦終了し，空白期間も短くないケースが多いため，労契法19条の適用は困難であるように思われる[2]。

3　労契法19条2号の類推適用の可否

(1) 労働者の期待の「合理的理由」の有無（判旨2(1)）　　労契法19条2号の

---

[1] 名目的な短期の空白がある場合，なお従前の契約の再締結と評価されうる。荒木尚志＝菅野和夫＝山川隆一『詳説労働契約法〔第2版〕』（弘文堂，2014年）213頁。
[2] これに対し，本件のようなケースでも同号の適用を認め，空白期間の長さは合理的期待の有無の評価において考慮すれば良いという立場も考えられる。更新の概念をどの程度厳格に解釈するかで変わってくるが，重要なのは同号の保護に値するかであり，実際に考慮すべき事情はほぼ変わらないと考えられる。

適用が否定されるならば，次に類推適用が問題となるが，これが認められるためには，同号が予定する事態と，本件の事態が本質的な点で同一であるといえなければならない。そこで，一審も本判決も，類推適用の可否を検討するにあたり，まず同号の趣旨について述べる。使用者の利益に言及するかで差はあるが，一審も本判決も，労働者の期待に「合理的理由」がある場合には，これを保護する必要があるとする点では共通している。

　では次に，本件において，Xの再契約への期待に，同号における雇用継続への期待と同様の「合理的理由」が認められるかが問題となる。一審は，①Xの従事した労務は，毎年ほぼ同時期に同内容で行われ，毎年一定数の作業員が雇用されていること，②作業員が希望する限り，ほぼ例外なく雇用が継続され，各期の採用手続きも簡易なもので，長期にわたり雇用されている作業員も多いなど，長期にわたる雇用契約を期待させる雇用実態が存在したこと，③Yとしても，長期にわたり雇用関係を継続する作業員を確保する必要があったこと，④XY間の各労働契約が，約17年，32回にわたって反復継続されたことから，Xの期待に合理的な理由があるとし，労契法19条2号の類推適用を認めた。これらの理由は，同号の「合理的理由」の考慮要素と同様のものと言える[3]。

　これに対して，本判決は，①労務の性質上，一定の季節の一定の期間に業務が終了することが当然に予定されていること，②各契約期間の長さも時期も一定ではなく，次年度の各有期労働契約の期間を確定することが困難であること，③各契約の間の空白期間が各契約期間と同程度ないしそれ以上の長さに及んでおり，各契約終了時に，次期あるいは次年度の始期付有期労働契約が契約されていたとも認められないことから，「労契法19条2号の趣旨を及ぼすべき有期労働契約の更新に対する合理的な期待」が認められないとした。いずれの理由も，季節労働の特殊性に起因するものである。①は，上述のように，労契法19条2号の適用を否定する事情ではあるが，本件の事情において類推適用までも否定する理由とはならない。本件では，形式的には，各時期に別個の有期労働

---

[3] 「合理的期待」の有無は，これまでの裁判例と同様，当該雇用の臨時性・常用性，更新の回数，雇用の通算期間，契約期間管理の状況，雇用継続の期待をもたせる使用者の言動の有無などを総合考慮して，個々の事案ごとに判断される（施行通達第5の5(2)ウ）。

契約が締結されてきたが，これらの各契約は継続的な関連性を有するものである[4]。そこで，労務の恒常性という点では，Yが稲作事業を続ける限り，毎年業務が発生するということが考慮されるべきであったと考える[5]。②も，労働者の合理的期待を否定しうる事情とは言えない。労契法19条柱書の「更新」にとって重要なのは，契約が再締結されることであり，契約期間を含む労働条件の同一性は問われない[6]。そのため，次期の契約期間や時期が厳密には確定できないとしても，おおよそ同時期に同内容の労働契約が締結されることについての合理的期待を認めることに問題はないはずである。③も，本件の事情のもとでは，再契約への合理的期待を打ち消す事情とはならないと考える。他方，ほぼ同内容の季節労働が長期にわたり反復継続されており，使用者・労働者ともに反復継続を前提とした行動をとっていたということは，本判決においては，ほとんど考慮されていない。しかし，労契法19条2号によって保護されるべき「合理的期待」の有無にとっては，このような事情こそが重要であったのではないかと考える。

(2) **空白期間の長さと従前の有期労働契約との継続性**（判旨2(2)）　本判決は，上記の「合理的期待」の評価に加え，空白期間の長さにも依拠して，労契法19条2号の類推適用を否定した。すなわち，空白期間が存在してもよいが[7]，「従前の有期労働契約が法定更新によって継続されると法律上評価することが

---

4) 万座硫黄事件・東京地判昭和28・12・28労民集4巻6号549頁は，作業開始時に採用し，作業不能期（冬季）に解雇するという季節労働に関して，「純然たる解雇または再雇用ではなく，実際にはその間継続的な関連があるのであって，再採用の拒否というよりも実質は解雇的色彩を含んでいる」と述べる。
5) 日立メディコ事件・最一小判昭和61・12・4労判486号6頁は，季節的労務を臨時的作業の一例とするが，本件のように毎年同じ作業員が雇用されるケースは想定されておらず，臨時的作業には含まれないものと解される。
6) 荒木＝菅野＝山川・前掲注1)書211頁。
7) 本判決は，これに関して労契法18条2項に言及しているが，疑問である。同項の期間は無期転換権に関するものであり，雇止めの許容性に関係するものではない。空白期間がある場合に，各有期労働契約が連続しているとみなされるかは，同項の期間と関係なく，個々の事案ごとに判断される（荒木尚志「有期労働契約法理における基本概念」根本到＝奥田香子＝緒方桂子＝米津孝司編『労働法と現代法の理論　西谷敏先生古稀記念論集　上』（日本評論社，2013年）398頁）。

できる程度にとどまることを要する」とし，本件の空白期間はこれに当たらないとした。しかし，従前の有期労働契約が継続していると法律上評価できるのであれば，それは同号の類推適用ではなく，適用が問題になる。ここでは，季節労働という特殊性から，そのような継続性が認められないために，類推適用が問題となっているのである。

　また，本判決は，労契法19条柱書の「遅滞なく」という文言を根拠に，空白期間が長い場合について同条の類推適用を否定したが，このような文言解釈は，同条の趣旨に合致するものではなく，妥当ではない。同条柱書は，労働者の期間満了後の「申込み」は「遅滞なく」なされるべきと定められているが，解雇についても出訴期間の制限がないことに照らせば，この「遅滞なく」をことさらに異議表明の期間を制限するように解するべきではなく，信義則上，雇止めを承認したものとみなされる程度の期間を経過した場合に「遅滞」があったと解すべきとされている[8]。また，施行通達によれば，「正当な又は合理的な理由による申込みの遅滞は許容」される（第5の5(2)オ）。このような解釈を踏まえれば，本件において，XはYの再雇用拒否を受けて直ちに異議を述べており，このようなXの労働契約締結の「申込み」は，確かに直近の労働契約終了から相当期間経過後になされているものの，依然として「遅滞なく」なされたと評価することができる。このように，相当期間の空白がある場合でも，同条を類推適用することに文言上問題はない。

　本件においては，季節労働の特殊性から，空白期間は不可避的に生じるが，このような場合にも労契法19条2号の保護を及ぼすことが，同号の精神に合致すると思われる。

　(3)　法的効果の明確性の要請と労契法19条柱書の「申込み」要件（判旨2(3)）

　本判決は，法律効果の明確性の要請という観点からも，労契法19条2号の類推適用を否定した。すなわち，本判決は，同号を一種の法定更新の規定であるとし，「法定更新の法律効果の発生を明確にするため」，労働者の「申込み」要件が定められたとする。そして，本件ではXによる契約締結の意向の伝達は，

8）　荒木＝菅野＝山川・前掲注1）書220頁。

直近の労働契約の終了から相当期間後になされ，その時点から直ちに労働契約が開始するものでもないことから，Xの契約締結の意向の伝達は，法定更新の効果（直近の有期労働契約が更新されるという効果）の発生を明確にする役割を果たしているとは認められないとした。

　この労働者の「申込み」要件（労契法19条柱書）は，従来の雇止め法理においては明示的に要求されていなかったが，これによって，労働者に追加的な負担が新たに生じるわけではない[9]。労働者の「申込み」は，使用者による雇止めの意思表示に対し，労働者による何等かの反対の意思表示が使用者に伝わるものでもよく，「申込み」をしたことの主張・立証については，労働者が雇止めに異議があることが，例えば，訴訟提起，紛争調整機関への申し立て，団体交渉等によって使用者に直接又は間接に伝えられたことを概括的に主張立証すればよいとされている（施行通達第5の5(2)エ）。

　確かに，このような「申込み」要件により，本判決も述べるように，法律効果の発生が明確となるということが意図されていると言われる[10]。しかし，これは，有期労働契約の不更新が，労働者の更新拒否ないし辞退によるのではなく，使用者の雇止めによって生じたことを明らかにする必要がある，という意味である[11]。本件では，Xが有期労働契約の再締結の意向を示しているのに対し，Yがこれを拒否し，Xは直ちに異議を述べているため，「法律効果の発生を明確」にするための「申込み」要件は充たされている。いずれにせよ，同条の「申込み」要件が，労働者に新たな負担を課すものではない以上，この要件を理由に労働者の保護を否定することは，かえって規定の趣旨に反する。

4　本判決の問題点

　本判決は，各期の季節労働が形式的には別個の有期労働契約であること，労契法19条の「申込み」要件や「遅滞なく」といった文言に囚われ，本件のような季節労働について，労契法19条2号による救済の余地をおよそ否定するよう

---

9) 荒木尚志編『有期雇用法制ベーシックス』（有斐閣，2014年）89頁，90頁［池田悠］。
10) 菅野和夫『労働法〔第11版補正版〕』（弘文堂，2017年）329頁。
11) 荒木＝菅野＝山川・前掲注1）書208頁。

な判断をした。しかし，一審も述べるように，季節労働であっても反復継続等により，次期の労働契約締結について労働者が合理的期待を有する場合には，同号を類推適用することが同号の精神に合致する。本判決は，労契法19条2号の趣旨および本件の季節労働の実質を適切に理解しているとは言えず，妥当ではないと考える。

(しまだ　ゆうこ)

地方公務員における一般職・特別職の区分と「非常勤職員」への年休に関する虚偽告知を理由とした損害賠償

——中津市（特別職職員・退職手当）事件・最三小判平27・11・17労判1135号5頁（第1事件），中津市（特別職職員・年休）事件・大分地中津支判平28・1・12労判1138号19頁（第2事件）——

早 津 裕 貴

（名古屋大学）

I　事実の概要

　Xは，昭和54年4月1日，中学校の学校図書館司書として，A村（平成17年3月1日にY市に編入）の非常勤職員に任用され，以後，平成24年3月31日に退職するまで，33年間にわたり，同一の勤務場所・業務内容で，空白期間なく，1年間の任期で繰り返し任用されていた。Xは，A村時代には，A村嘱託職員等の名称で任命され，Y市への編入後には，地方公務員法（以下，「地公法」）3条3項3号の非常勤嘱託職員として，A教育センターを勤務課とする旨の任用通知を受けていた。また，Xの在職当時の「Y市非常勤職員の設置及び管理に関する規則」は，A教育センター嘱託員を同号所定の特別職の非常勤職員として設置する旨を定めていた。

　Xは，退職に際し，Y市に対して，「Y市職員の退職手当に関する条例」（以下，「本件条例」）に基づく退職手当の支払いを求めたが，Y市は，本件条例は一般職の職員のみを対象とし，特別職の職員たるXは対象にならないなどとしてこれを争った。第1審（大分地中津支判平25・3・15労判1089号41頁）は，本件条例は一般職の職員のみを対象とし，地公法3条3項3号の「特別職に該当するか否かは，その職務内容，任命権者の意思，勤務態様等を総合して判断す

べき」としたうえ，Xは一般職の職員に該当しないとしてXの請求を棄却したが，原審（福岡高判平25・12・12労判1089号36頁）は，同号の特別職該当性につき，一定の専門性を前提に，「勤務時間や勤務日数などの勤務条件や職務遂行に際して指揮命令関係があるのかどうか，成績主義の適用があるか等が，正規の職員と異なるかどうかで判断される」とし，諸事情を考慮のうえ，Xは一般職の職員に当たり，本件条例が特別職を対象とするかは判断する必要がないなどとしてXの請求を認容したため，Y市は上告した（以上，第1事件）。

また，Xは，Y市への編入後において，再任用のたびに10日の年休日数が記載された任用通知書の交付を受けていた。Xは，同日数は労働基準法（以下，「労基法」）所定の日数を下回るものであり，Y市は労基法の最低年休付与日数を下回る虚偽の情報を積極的に提供したなどとして，不足する年休日数に対応する賃金相当損害金等の賠償を求めたが，Y市は，「Xの任用関係は……公法上の任用関係であ」り，「任用期間とされる1年の経過によって当然消滅する」ため，「Xがその後再任用されたとしても，それは新たな任用であり，就労が継続しても，それは事実上の継続にすぎ」ず，労基法39条にいう「継続勤務」に該当しないなどとしてこれを争った（以上，第2事件）。

II 判　　旨

1 第1事件（破棄自判）

「旧A村及びY市は，Xが任用された職を同号［地公法3条3項3号：筆者注］所定の特別職として設置する意思を有し，かつ，Xにつき，それを前提とする人事上の取扱いをしていたものと認められる。そうすると，Xの在任中の勤務日数及び勤務時間が常勤職員と同一であることや，Xがその勤務する中学校の校長によって監督される立場にあったことなどを考慮しても，Xの在任中の地位は同号所定の特別職の職員に当たる」。

「本件条例の改正の経緯等を勘案すれば，本件条例」は，地公法3条3項3号所定の「特別職の職員には適用されない」。

2　第2事件（一部認容，一部棄却〔確定〕）

(1)　勤務関係の継続性について　「労働者の心身の疲労を回復させ，労働力の維持培養を図るという年休の趣旨に照らせば，『継続勤務』（労基法39条）については，形式的に労働者としての身分や労働契約の期間が継続しているかどうかによってのみ決するべきものではなく，勤務の実態に即して実質的に労働者としての勤務関係が継続しているか否かにより判断すべきものである。」

本件事情の下では，「Xの勤務実態は，『継続勤務』（労基法39条）に該当」し，「労基法39条が地方公務員にも適用され，年休は同条所定の客観的要件を充足することによって法律上当然に発生する権利であることからすれば，Xの雇用関係が公法上の任用関係であることは上記判断を左右するものではない。」

「旧A村がY市に編入された際，Xは旧A村の職員の身分をいったん失い，改めてY市の職員として任用されている」が，「合併関係市町村は，その協議により，市町村の合併の際現にその職に在る合併関係市町村の一般職の職員が引き続き合併市町村の職員としての身分を保有するように措置しなければならないとされ（市町村合併特例法9条1項［当時：筆者注］），Y市と旧A村……の合併協議でも，A村図書館司書（X）は，A教育センター嘱託員として配置すると協議されている」ほか，会社の合併については，労働関係は「当然承継され，勤務関係も継続することとなると解されていること」なども考慮すると，「編入の前後を通じて，Xの勤務実態は継続勤務に該当する」。

(2)　年休に関する虚偽告知と損害賠償について　「Y市は，XとY市との間の任用関係に基づき，虚偽の情報を積極的に告知しない法的義務を負っていると認められるところ，Y市はこれに違反したものであり，国賠法上違法な行為に該当する。また，上記法的義務は継続的な任用関係に基づく信義則上の付随義務であって，その違反は債務不履行となる」。

「Xの年休取得状況に照らせば，……Xに虚偽の年休日数の情報が提供されていなければ，Xが不足日数全部について年休を取得した蓋然性が高いと認めるに足り」ず，「Xは実際に取得した日数以上に年休付与請求を行っていないから，Xの就労義務は消滅していないことにも照らせば，Y市の行為と，不足する年休日数に対応する賃金相当損害金との間に因果関係があるとは認め

られない」が,「他方,労基法上Xに付与すべき年休日数の範囲内で欠勤又は病休をした部分については, Y市による虚偽情報の提供がなければ年休を取得し得たといえるから,欠勤又は病欠によって,給与が減額された部分については, Y市の行為との間に因果関係が認められる」。

Ⅲ 検　討

1　各判決の意義

第1事件は,最高裁レベルで地方公務員における一般職・特別職の区分に関して判断した初めての事案である。地方公共団体においては,一般職常勤(正規)職員のほか,いわゆる「非正規」公務員として,一般職職員(いわゆる一般職非常勤職員(地公法17条)および臨時的任用職員(同法22条2項,5項))と地公法が適用されない特別職職員(いわゆる特別職非常勤職員(同法3条3項3号,4条2項))とが,同様の業務に従事する場合も含めて混在しており,必ずしも法の趣旨に沿って運用されていない例も多くあるが[1],本判断は,法適用関係を大きく異にする両者の区分基準を示すものとして重要な意義を有する。

第2事件は,公務員関係の特殊性を強調することで労基法39条にいう「継続勤務」を否定しようとした主張を排斥した点に特徴がみられ,公務員と民間労働者の異同を考察するうえで有益な視点を提供する。また,年休日数の虚偽告知につき,「任用関係」としつつも賠償請求の余地を認めた一方,本来取得し得た年休日数全体との関係では損害を認めなかった点にも特徴がみられる。

以下,紙幅の関係上,公務労働関係たることに関連する事項に重点を置きつつ検討を行う。

---

[1]　処遇等の問題も含め,上林陽治『非正規公務員の現在―深化する格差』(日本評論社, 2015年)21頁以下,123頁以下参照。また,直近の実態調査として,総務省「地方公務員の臨時・非常勤職員に関する実態調査(速報版)(平成28年4月1日現在)」(平成28年9月13日)(http://www.soumu.go.jp/main_content/000439015.pdf),政府報告書として,総務省「地方公務員の臨時・非常勤職員及び任期付職員の任用等の在り方に関する研究会報告書」(平成28年12月27日)(http://www.soumu.go.jp/main_content/000456616.pdf)がある。

2 一般職と特別職の区分について（第1事件）

地公法は，一般職と特別職の区分基準を明確には規定していない。行政実務においては，地公法3条3項の特別職は「恒久的でない職または常時勤務することを必要としない職であり，かつ，職業的公務員の職でない」点において一般職と異なるとされ[2]，指揮命令関係の有無，専務職か否か，終身職か否か，成績主義の適用の有無，政治職か否か，といった点が区分の具体的要素になるとされているが，最終的には，法の解釈として司法判断によることになる[3]。

原審は，概ねこのような観点に基づき，Xの具体的勤務実態に着目して諸事情を総合考慮し，専務職性，指揮命令関係および成績主義の観点の存在を重視して，Xは一般職の職員に当たると判断した[4]。これに対し，本判決は，Xの勤務実態ではなく，Y市の職制配置の意思やそれを前提とした人事上の取扱いを重視しており，任命権者の意思を重視した一般的判断枠組を定立するものと評価できる[5]。

旧来から，下級審レベルでは，双方の区分基準につき，任命権者の意思を重視または考慮するものと，その点には言及せずに勤務実態を総合的に勘案するものがあり，判断は安定していなかった[6]。この点，本判決が定立した任命権者の意思を重視する立場[7]は，区分基準の明瞭性という観点のみからすれば，行政実務および公務員の法的地位の確定に相当な安定性を提供するものと評し得る。

---

2) 昭35・7・28自治丁公発9号。
3) 橋本勇『新版 逐条地方公務員法〔第4次改訂版〕』（学陽書房，2016年）51-52頁，56頁参照。
4) 特に，専務職性の観点から原審の判断を支持するものとして，竹之内一幸「原審判批」判時2247号（判評674号）（2015年）141頁，これに加え，任用形式のみに着目することは，任命権者の脱法的行為のリスクを退職手当不支給という形で職員に負担させることとなり許されないとするものとして，渡辺賢「原審判批」新・判例解説Watch vol.18（2016年）286頁。また，勤務実態により判断すべきとする行政実例として，昭32・8・26自丁公発102号がある。
5) 馬橋隆紀＝幸田宏「判批」判自406号（2016年）7頁。
6) 早津裕貴「原審判批」労旬1841号（2015年）51頁参照。
7) 本件と同種事案において，任用行為における行政処分の画一性・形式性の観点を強調し，同様の判断を示すものとして，羽曳野市（非正規職員退職手当請求）事件・大阪高判平25・11・7判例集未登載がある。

しかし，そのような観点は，公務員の組織的・制度的観点に傾斜しすぎており，公務員が「労働者」としての側面も本来有していることに十分留意していないように思われる。一般職・特別職の区分は，本件では，退職手当条例の適用の可否を決するものである一方，その区分は，地公法や，労働組合法をはじめとする労働関係法規の適用関係を決するものでもあり[8]，公務員における「労働者」としての側面も交えて検討するならば，このような二面性をいかに理解し，解釈に反映するかが重要である。

　この点，双方の区分との関係では，特別職としての任用が誤りであった場合の帰結として，常勤（正規）職員としての任用を求める義務付け訴訟や任用時点から当該職員であったことの確認を求める当事者訴訟を提起する可能性も指摘されていた[9]。本判決は，特に，このような任用行為ないし地位全体との関係を念頭に置き，公務員の地位は，任用時から明確かつ画一的に定まっている必要がある，との考え方を重視したと思われる[10]。このような観点から明瞭な区分基準を定立することは，現行公務員法体系が典型的に想定している常勤（正規）職員の地位との関係だけを考えれば一定の合理性はあるのかもしれない。

　しかし，本件で問題となった「非正規」公務員は，実態として，常勤（正規）職員と同様の運用がなされていないばかりか[11]，冒頭でも触れたように，必ずしも法の趣旨に沿った運用がなされず，同様の業務であっても，一般職と特別職が混在する場合があるのが現状である。このことからすると，上記のような考え方を，事案類型を問わず，常に貫徹すべきとすることには疑問がある。

　この点，第一に，一般職と特別職の区分は，「正規」類型と「非正規」類型の分水嶺ではなく（冒頭で示したように「非正規」類型には一般職も存在する），一

8）　特別職非常勤職員には，地公法上の諸義務に関する規定等も適用されず，また，法58条も適用されない結果，労働組合法等の労働関係法規が全面適用になる。
9）　竹之内・前掲注4）143-144頁，馬橋＝幸田・前掲注5）8-9頁参照。
10）　前掲注7）羽曳野市（非正規職員退職手当請求）事件や本件における上告受理申立理由においても，任命権者の意思を重視すべきとする根拠として，任用行為の画一性・形式性が強調されている。
11）　注1）掲記の処遇等の問題のほか，定員統制・人件費との関係での問題につき，上林・前掲注1）書46頁以下参照。

般職という性質決定が，ただちに常勤（正規）職員と同様の任用関係を意味するわけではない。第二に，法解釈の手法として，一般職・特別職の区分について，一概に任用行為ないし地位全体との関係でのみ論じられる必然性はなく，当該事案で問題となる法令（たとえば，本件のような退職手当条例や不当労働行為事案における労働組合法）の解釈枠組において，それら法令の趣旨・目的を踏まえて解釈することを否定すべき理由はない[12]。この点は，とりわけ，一般職・特別職の区分が，労働基本権制約にかかる法適用関係を決することになることからしても，軽視できない要因である[13]。

以上からすると，本件事案との関係では，そこで問題となる法令の趣旨，つまり，退職手当条例の趣旨を踏まえ[14]，Xがその支給に値する者であるか否かという点を適切に斟酌する必要があり，任用一般の問題に還元する形で，その判断を単に任命権者の意思にかからしめる本判決の判断枠組は問題が大きい。

したがって，事案類型や関係法令の趣旨・目的を十分に考慮することなく，任命権者の意思のみを重視した本判決の判断は妥当でない。

3 勤務関係の継続性判断について（第2事件）

労基法39条の「継続勤務」の要件は，客観的に休息が必要とされる服務状況

---

[12] この点，国家公務員等退職手当法（当時）との関係で，司法修習生の国家公務員該当性が問題となった事案では，「国家公務員又はこれに準ずるものの意義及び範囲は，それがすべての法律を通じて同一でなければならないという法理はなく，各法律ごとにその趣旨・目的に照らして合理的にこれを決定するよりほかはない」とされている（最二小判昭42・4・28民集21巻3号759頁。これを支持するものとして，園部逸夫「判批」民商57巻5号（1968年）807-808頁）。また，労働法における労働者概念についても，法令の趣旨・目的との関係での解釈が説かれているところである（たとえば，菅野和夫『労働法〔第11版補正版〕』（弘文堂，2017年）170頁以下，781頁以下参照）。

[13] 松尾邦之「原審判批」法時87巻10号（2015年）123頁，早津裕貴「混合組合の法的地位に関する検討」労旬1864号（2016年）18頁以下，同注75。特別職非常勤職員から一般職の非常勤職員への任用替えの通知につき，任用の適正化という観点に一定の合理性を認めつつも，それによって労働基本権制約が生じることになる点を重視し，当局による協議等の対応の不十分さを指摘して支配介入の不当労働行為に当たるとしたものとして，香川県労委決平28・10・7中労委HPがある。

[14] 民間労働者と同様に勤続報償・生活保障・賃金後払いの3つの性格を考慮すべきとするものとして，早津裕貴「判批」名法257号（2014年）352頁以下参照。

が同一使用者の下で継続する限りは広く継続勤務を肯定すべきである，という法令の趣旨解釈を踏まえ，実質的に判断されるものと考えられている[15]。また，本判決も指摘するように，地方公務員については，一般職・特別職を問わず，労基法39条が適用される。このような関係法令の趣旨および適用関係からして，期限付任用の更新拒絶をめぐる事案と同様の見地による任用関係論[16]をここで持ち出すことはできず，本判決の実態に即した判断は妥当である[17]。

　この勤務関係の継続性については，第1事件の原審においても，本件条例が12か月を超える勤務継続を要件としていたこととの関係で問題とされていたが，実態上の勤務継続をもって要件の充足が肯定されていたところである[18]。

　本件では，市町村合併との関係も問題とされている。もっとも，先に述べた実態関係を重視する点に加え，本判決も指摘するように，Y市とA村の合併協議において，A村図書館司書（X）は，A教育センター嘱託員として配置すると協議されていること，また，市町村合併も，その実質においては会社の組織再編とパラレルに捉えることができ，A村とY市は，A村のY市への編入という形で実質的同一性を保持していることからすれば，労基法39条にいう[19]

---

15) 東京大学労働法研究会編『注釈労働基準法　下巻』（有斐閣，2003年）707頁［川田琢之］，昭63・3・14基発150号。有期労働契約が更新された場合につき，1か月以上の空白期間が存在する場合にも継続勤務性を肯定した裁判例として，日本中央競馬会事件・東京高判平11・9・30労判780号80頁がある。

16) たとえば，川田琢之「任期付任用公務員の更新打切りに対する救済方法——近年の裁判例を踏まえた『出口規制』に係る法理のあり方の検討」筑波ロー・ジャーナル3号（2008年）99頁以下参照。

17) 任期満了と再任用の間に「空白期間」が置かれる場合も含め，臨時・非常勤職員に関する平26・7・4総行公59号も，労基法における年休の付与に係る「継続勤務」の要件につき，「勤務の実態に即して判断すべきものであるので，期間の定めのある労働契約を反復して短時間労働者を使用する場合，各々の労働契約期間の終期と始期の間に短時日の間隔を置いているとしても，必ずしも当然に継続勤務が中断されるものではない」とする平19・10・1基発1001016号／職発1001002号／能発1001001号／雇児発1001002号を参照している。

18) 地方自治法や「空白期間」との関係も含め，早津・前掲注6) 52-53頁参照。

19) 「継続勤務」につき，労働契約が承継される場合はもとより，いったん解雇され，新使用者に採用されるプロセスを踏んだ場合にも，実質的な経営主体や業務内容に基づいて使用者の地位の実質的同一性の有無を判断すべきことになるとするものとして，東京大学労働法研究会編・前掲注15)書708頁［川田琢之］。

「継続勤務」を肯定した本判決の判断は妥当である。

4 年休に関する虚偽告知と損害賠償の関係について（第 2 事件）

本判決は，年休に関する虚偽告知について，国賠法上の違法と債務不履行の成立双方を認め，後者については，「継続的な任用関係に基づく信義則上の付随義務」の違反と捉えている。この点は，公務・民間を問うことなく，一定の法律関係において，付随義務としての信義則上の義務の発生を認めた判断をより進める点において意義がある[20]。その根拠を本判決は明確には示していないが，本件では，年休という労働者の基本的な権利に関わる虚偽告知が問題となっていることからすると，その根底には，使用者は労働者の基本的な権利を侵害し，または，その行使を妨げてはならないという考え方を読み取ることができ[21]，本判決も示す，労働者にとっての年休の意義に鑑みた判断として妥当である。

他方，本判決は，損害の判断において，Xの欠勤等日数に対応する範囲に限定してY市の行為との因果関係を認め，損害額もその範囲に限定している。確かに，年休権を行使せずに就労した部分につき，本来取得し得た年休日数全体との関係で，賃金相当額の損害を直接的に観念することは難しい。しかし，本件では，使用者によって事実上権利行使できない状況に置かれたことの評価が問題となっており，労働者が，使用者により違法に設定された上限までの，または，それを超えた年休取得（ないしその要求）を行わない限り，損害額にも一切反映されないとすれば，それは過分な要求であり妥当でないと思われる[22]。

5 おわりに

双方の事件ともに基本的観点において共通して求められるのは，公務員にお

---

[20] 陸上自衛隊八戸車両整備工場事件・最三小判昭50・2・25民集29巻2号143頁。

[21] 積極的な年休取得申請妨害がなされた民間での同種事案につき，同様の見地を示し，債務不履行責任を認めたものとして，出水商事（年休等）事件・東京地判平27・2・18労判1130号83頁がある。

[22] この点，前掲注21)出水商事（年休等）事件が，本来取得し得た年休との関係での賃金相当額の損害発生を否定しつつも，使用者の年休取得申請妨害行為の評価として，慰謝料という形での救済（同事件では50万円）を認めている点が参考になる。

ける「制度」たる側面と「労働者」としての側面をいかにして調和させるかという観点である。この点,とりわけ第1事件が示唆することは,「非正規」公務員の拡大による公務員の「多様化」の中で,公務員法や労働関係法規の適用関係を決する旧来の一般職・特別職という区分の枠組が必ずしも十分な機能を果たしていない局面があるということである[23]。本稿では,現行法令の枠組における解釈として,両側面の調和,とりわけ往々にして看過されがちな「労働者」としての側面にも留意した観点からの評釈を行ったが,真に求められるのは,現代の状況に応じた,雇用保障体系や集団的労使関係を含めた形での,公務員法制ないしその解釈枠組の抜本的な転換であろう。

【追記】
　本稿脱稿後の2017年3月7日,「地方公務員法及び地方自治法の一部を改正する法律案」が第193回国会に提出された(施行は2020年4月1日を予定)。これにより,非常勤職員に対する手当支給の余地が拡大される一方(改正地方自治法203条の2),臨時・非常勤職員の多くは,一般職の職員たる会計年度任用職員(改正地公法22条の2)に整理され,特別職非常勤職員は専門性の高い者のみに限定されることが予定されている(同3条3項3号)。本改正の実現によって,本稿Ⅲ2で検討した問題が生じる余地は減じられようが,それは同時に,本稿注23で指摘した問題が立法という形で顕在化することを意味する(この点につき,本稿注13も参照)。今後においては,集団的労使関係のほか,権利義務関係や雇用保障,また,公務員関係の画一的理解の当否も含めた,総体的かつ抜本的な検討が今まで以上に要請されるといえよう。

　　〔付記〕　本稿は,科学研究費若手研究(B)「非正規職員を題材とした公務労働関係法の
　　　　　日独比較研究」(課題番号15K16937)に基づく研究成果の一部である。

（はやつ　ひろたか）

---

23) 注1)に掲げた報告書は,特別職非常勤職員を専門性の高い者に限定し,基本的には新たな仕組みにおける一般職非常勤職員として任用すべきとする方向性を示している。しかし,同報告書は新たな仕組みにおける一般職非常勤職員について,その担うべき職務の常勤(正規)職員との差異を強調する一方,それと同様の労働基本権をはじめとする諸制約が課されることについては基本的に当然視しており,上記の「任用根拠の見直し」によって権利制約が生じることになる帰結も含め,より慎重な検討を要すると思われる。

海外勤務者に対する労災保険適用の有無
―― 国・中央労基署長（日本運搬社）事件・
東京高判平28・4・27労経速2284号3頁 ――

廣　田　久美子
（宮崎産業経営大学）

I　事実の概要

　1　亡Aは，訴外株式会社Zに平成元年4月1日に入社し，平成14年10月1日，海運部東京営業所国際輸送課に異動となり，平成22年7月23日の死亡に至るまで，同課に配属され，営業を担当していた。その間，平成15年4月頃まで香港駐在事務所において勤務したほか，香港，上海，東京の間の出張を繰り返して業務に当たっていた。Zが中国における物流の窓口及び営業拡大の拠点としてB社を立ち上げたことに伴い，亡Aは，平成18年5月，B社の首席代表に就任したが，その前後の亡AのZにおける所属及び地位は，海運部東京営業所国際輸送課係長であり，上記就任に伴う変更はなかった。また，亡Aの地位は，平成20年4月1日，同課課長代理に昇進しているものの，その後，死亡時まで所属及び地位の変更はなかった。

　2　B社は，中国の法令上の代表処に該当し，中国におけるZの分支機構で，独立した法人格を有しない駐在員事務所である。代表処は，通常，自己の名義で提訴，応訴することができず，また，独立して対外的に責任を負うこともできず，その責任は外国法人が負担する。B社には，平成22年1月1日時点において，首席代表である亡Aの下に5名の現地従業員が配置されていた。

　Zは，上海にZの100％出資の現地法人を設立することとし，平成21年12月28日，中華人民共和国公司法上の有限責任会社である有限公司としてC社を設立し，平成22年4月から営業を開始した。亡Aは，平成21年7月からC社の設立準備に関与し，C社の立ち上げ後は，C社の総経理に就任して，B社の

首席代表との兼務となった。

　B社及びC社のいずれについても，上海駐在時を通じて亡AがZから命じられた業務の中心は，Zが取引先から受注した運送業務に関する中国国内における運送手配等であった。もっとも，これら運送業務について，亡Aは，受注の可否の決定や値段や納期など契約内容の決定を行う権限をZから与えられておらず，その決裁権者は東京営業所の海運部長であった。また，亡Aは，顧客に発行する見積書の内容を決定する権限も与えられておらず，国内の営業所の担当課長にその権限があった。そして，これら運送業務を実際に行うに当たり，亡Aは，運搬に関することや契約に関する細かな指示について，荷主の担当に応じて東京営業所海運部の課長等に宛ててメール等の手段でほぼ毎日のように連絡して，その指示を仰ぎつつ業務を遂行していた。また，労務管理について，亡Aは，自らの出勤簿を東京営業所業務管理課のT課長に宛てて毎月月末に郵送又はファクシミリ通信によって提出することを義務付けられており，T課長において，これに基づいて亡Aの勤務状況を把握していた。亡Aにかかる人件費は，ZからB社に出されている。B社及びC社のいずれについても，亡Aは，現地スタッフの採用に関し，採用する人数や賃金を決定する権限を与えられておらず，その決裁権はZにあった。Zが亡Aの裁量に任せていた通常の業務は，現地の荷主への表敬訪問，荷の受取時期の設定，受渡し等の作業手順についての部下への指導等の特定の分野に限られていた。

　3　亡Aは，平成22年7月23日，上海において急性心筋梗塞を発症して死亡した。亡Aの妻X（原告・控訴人）は，平成24年5月24日，中央労働基準監督署長Y（被告・被控訴人）に対し，亡Aの死亡が業務上の死亡に当たるとして，遺族補償年金及び葬祭料の支給請求をしたが，Yは，同年10月18日，亡Aの上海での勤務に当たり，Zが海外派遣者としての特別加入の申請手続を執らず，承認を受けていなかったことから，労災保険法第36条に基づく補償の対象にならないとして，Xの各請求についていずれも不支給とする旨の決定をし，同月23日付でXに通知した。Xは，本件不支給決定を不服として審査請求，再審査請求を経て，平成26年7月14日，本件不支給決定の取消しを求める訴えを提起した。

4　第一審（東京地判平27・8・28労経速2265号3頁）は，「B社ないしC社は，単に中国の法令上一定の組織化された独立の活動単位として予定されているにとどまらず，Zの上海の活動拠点としての実体を有し」ており，亡Aは，「組織図上も現地社員を統括する立場にあり，……海外の事業所であるB社ないしC社に属し，その業務に従事していたことは明らかである」として，海外派遣者に当たり，「亡Aについて保険関係の成立は認められ」ないと判示した。これに対して，Xが控訴した。

II　判　旨

原判決取消し（確定）

1　「労災保険法の施行地内（国内）で行われる事業に使用される海外出張者か，それとも，同法施行地外（海外）で行われる事業に使用される海外派遣者であって，国内事業場の労働者とみなされるためには同法36条に基づく特別加入手続が必要である者かについては，単に労働の提供の場が海外にあるだけで，国内の事業場に所属して当該事業場の使用者の指揮に従って勤務しているのか，それとも，海外の事業場に所属して当該事業場の使用者の指揮に従って勤務しているのかという観点から，当該労働者の従事する労働の内容やこれについての指揮命令関係等の当該労働者の国外での勤務実態を踏まえ，どのような労働関係にあるかによって，総合的に判断されるべきものである。」

2　「亡Aの所属は，上海駐在時を通じて，Z海運部東京営業所国際輸送課で変わらず，亡Aの地位は，」平成21年に「C社が設立されてその総経理に就任したことによるZにおける所属及び地位についての変更はなかったこと，B社及びC社のいずれについても，亡Aは，その業務の中心となる運送業務について，……契約内容の決定を行う権限も，顧客に発行する見積書の内容を決定する権限も，Zから与えられておらず，それらの決定権限は日本国内のZの担当者にあったこと，Zは，亡AのB社赴任に当たり，文書による辞令交付や諸手当の説明等は行っておらず，所属する東京営業所における長期的な出張として内部処理していたこと，上海駐在時を通じて，亡Aの人件費がZか

らB社を介して亡Aに支払われていたこと，亡AがZ……に籍を置き，出勤簿を業務管理課長に提出するなど，Zの労務管理等に服していたこと，……C社の設立前後を通じて，亡Aの日常業務に大きな変化はなかったこと，B社は，独立した法人格を持たない駐在員事務所にすぎず，また，C社は，独立した法人格を有するものの，Zの100パーセント子会社であること，Zは，亡Aの上海駐在時を通じて，国内事業場の事業に属する労働者である海外出張者として亡Aに係る労災保険料の納付を継続していたこと等の事実が認められる。」

3 「以上認定の事実によると，亡Aについては，単に労働の提供の場が海外にあるにすぎず，国内の事業場に所属し，当該事業場の使用者の指揮命令に従い勤務する労働者である海外出張者に当たるというべきであり，海外の事業場に所属して当該事業場の使用者の指揮に従って勤務する海外派遣者ではないというべきである。したがって，海外派遣者を対象とする特別加入手続がされていないことを理由に，亡Aを労災保険法上の保険給付の対象から除外することは相当ではない。」

Ⅲ 検 討

1 本判決の意義

本件は，比較的長期の海外勤務をしていた労働者についての労災保険の適用の有無が問題となった事案である。本件と同様の争点が問題となった事例は，国・淀川労基署長（商工経営センター・中国共同事務所）事件・大阪地判平19・7・4労判943号98頁があるものの，きわめて少ないことから，本件は，海外で就労する労働者について，労災保険法の適用対象となる国内事業場の使用者に使用される海外出張者と，特別加入の対象となっている海外派遣者のいずれに該当するか，その判断枠組みと具体的な考慮要素を示した高等裁判所判決として注目される。

一般に，海外勤務は，国内の事業場で就労している労働者が一時的に海外において労務を提供する「海外出張」と，外国の事業場に所属し，そこでの指揮命令のもとで労務を提供する「海外派遣」とに分けられる。この海外勤務者の

うち，日本国外で営まれる事業については，属地主義の原則により，その事業主が日本法人であっても労働基準法や労災保険法は適用されない。これは，労災保険法の適用事業が労働者を使用する事業（3条1項）であり，その範囲は，労働基準法と同様，日本国内に所在する「事業」と考えられるためである。

しかし，国内の事業場から海外の事業場に派遣された労働者等については，国外における労働災害保護制度が十分でない現状等に鑑みて，国内労働者と同様の保護を与える必要があることから，日本国内で事業を行う事業主が海外において行われる事業に従事させるために派遣する者（33条7号）に対しては，労災保険への加入を認めている。この特別加入の対象となっている「派遣する者」とは，派遣されて海外において従事する事業の種類，形態，業種を問わず，派遣元の事業の事業主の命で海外の派遣先の事業に従事する者であり，その海外の事業との間に現実の労働関係を持つ限りにおいて特別加入者の資格を有するとされる[1]。

このように，特別加入制度の対象となる海外勤務の労働者は，国内事業場の使用者からの指揮命令を受けず，労災保険法の適用対象とならないことを前提として，特別に保護を受けることができるものであるが，特別加入は事業主による加入手続を要するため，本件のように，国内事業場の使用者が当該労働者にかかる労災保険の保険料を納付している場合は，特別加入制度による保護を受けることはない。

2　本判決の判断枠組み

海外で就労する海外出張者と海外派遣者の区分は，原審・本判決（判旨1）ともに，一般的な判断枠組みとして「当該労働者の従事する労働の内容やこれについての指揮命令関係等の当該労働者の国外での勤務実態を踏まえ，どのような労働関係にあるかによって，総合的に判断されるべき」と判示している。これは，通達ですでに示されているものであるが[2]，この前提として，原審では，

1）　厚生労働省労働基準局労災補償部労災管理課編『七訂新版労働者災害補償保険法』（労務行政，2008年）576頁。
2）　昭和52年3月30日労働省発労徴第21号・基発第192号。

①労災保険法上の保険関係が事業ごとに成立することから，②期間の長短や海外での就労に当たって事業主との間で勤務関係がどのように処理されたかによるのではない，ということを強調していた。一方，本判決（判旨1）は，国内と海外のどちらの事業場の使用者の指揮に従って勤務しているのか，という観点から判断すると述べるに留まっており，この点が判断手法の違いとして表れている。つまり，原審では，海外の事業所の事業性と亡Aの海外事業場での所属・地位を重視することで，海外の事業場に所属しているか否か，から判断する手法をとっているのに対し，本判決では，国内事業場における亡Aの所属・地位，亡Aの業務の権限の制約等，国内事業場との関係を明らかにしたうえで，海外出張者に該当すると判断したように，国内の事業に所属しているか否か，から判断する手法をとっていると考えられる。このような海外派遣者該当性から判断するアプローチと，海外出張者該当性から判断するアプローチは，理論的には，本来どちらの手法をとってもその結果は基本的に一致するはずであるが，本件においては，この判断手法の違いが考慮要素と結論にも影響している。例えば，国内の事業場による労務管理の状況についてみると，労災保険法の強行法規性からは，当事者間の意思に左右される要素として，労災保険法の適用対象を画する判断基準としては考慮することはできないと解され，原審でも明確に否定されていた要素であるが，本判決においては，「業務」や「労働関係」を評価する際の考慮要素として肯定的に位置付けている。

原審にみられる海外派遣者該当性から判断する手法は，海外の事業場とその業務内容が評価の中心となり，国内事業場の使用者との関係がほとんど考慮されないために，亡Aに権限のない業務の評価や，国内事業場の使用者からの具体的指示の有無が明らかにならないなど，労働関係を十分に「総合的に」考慮するとの一般的な判断枠組みの解釈としての妥当性に疑問を残すものであった。労災保険法の適用範囲を画する過程に着目すると，海外派遣者に該当するというためには，その前提として，当該労働者に国内の事業場のもとで労災保険法の適用がないことを明らかにする必要がある。このように考えると，本判決にみられる海外出張者該当性から判断する手法は，労災保険法の適用に関する理論的な順序に沿ったものということができ，妥当と思われる。

3　海外事業所の事業性判断について

　海外事業場の「事業」性について、原審では、海外事業所についてB社、C社とも「中国の法令上一定の組織化された独立の活動単位であることが予定されており、その営む活動は一定の組織の下に相関連して行われる作業の一体」であり、「法的地位ないし権能における独立性は高い」と判示し、本判決と評価が分かれている。労災保険法は、労働基準法と同様、「事業」に適用される構造になっており、一般に事業は、「一定の場所において相関連する組織のもとに業として継続的に行われる作業の一体」であり、その場所的意義によってではなく、国内の使用者の指揮命令の下で就労しているか否かによって判断され[3]、場所的に分散している場合でも、著しく小規模で独立性のないもの（出張所など）は、直近上位の機構と一括して一の事業とされる[4]。例えば、海外派遣の場合には、海外支店への駐在や海外子会社への出向という形式をとるが、これらは通常、独立した事業であるから、労働者はそこでの使用者の指揮命令に従って勤務するために、国内の事業場に所属するとはいえず、労働基準法や労災保険法が適用されないのが原則である。

　よって、労災保険法の適用範囲としての事業性判断や、海外派遣者の定義から判断するアプローチにおいては、原審の判示するような評価もあり得るが、本判決は、判旨2に挙げた考慮要素の順序からしても、このような海外の事業場の事業性判断を明確には行っていないのではないかと考えられる。日本の本社が強力な統括機能を有しており、統一的な人事・労務管理を行っていたり、海外の子会社等との恒常的かつ密接な連絡・連携があるといったケースでは、海外の勤務における「業務」や「労働関係」を判断する文脈で海外の事業場の事業性を評価する必要があろう。その点において、本判決は、一般的な判断枠組み（判旨1）に沿ったものと考えられる。ただ、本判決では、労災保険法の適用範囲としての「事業」性判断との関係が明らかでないことから、海外派遣者が事実上なくなってしまうとの批判もある[5]。また、その具体的な判断において、法人格の有無や国内の事業場との経済的つながりといった事情が、他の事

3）　土田道夫『労働契約法』（有斐閣、2008年）723頁。
4）　菅野和夫『労働法〔第11版〕』（弘文堂、2016年）168頁。

案においても判断基準となり得るのかも不明瞭であり，個々の考慮要素についての関係や評価が明確に示される必要があったのではないかと思われる。

Ⅳ　おわりに

本判決は，海外勤務者の労災保険適用の有無について，一般的な判断枠組みと具体的な考慮要素を示したが，複雑な指揮命令関係の下で働く海外勤務者の同様のケースでは，事案によって判断枠組みに対するアプローチが変化したり，重視する考慮要素が異なる可能性を残しており，依然として，海外出張者と海外派遣者の区分についての予測可能性が低いという問題がある。

海外派遣者の特別加入制度は，海外の事業場に派遣された労働者等にも労災保険による保護を行うことを目的としているものであるが，海外勤務者は，特別加入しない限りは，海外出張者であるとしても，明確に自らの労災保険法上の地位を確認することが困難な状況に置かれている。このような，海外派遣者よりも不安定な法的地位におかれる海外出張者に対して，海外出張者の取扱いについての明確な判断基準の明示をはじめとする，何らかの労災保険法上の保護の手続が必要であろう。

【参考文献】
本文中に挙げたもののほか，以下のとおり。
小西康之「海外勤務者に対する労災保険による保護の有無―中央労働基準監督署長事件」ジュリ1494号（2016年）4頁
山口浩一郎監修「統合人事管理」研究会編著『統合人事管理―グローバル化対応の法律実務』（経団連出版，2015年）

（ひろた　くみこ）

5）　山口浩一郎「最新労災判例（第30回）海外勤務者にわが国の労災保険が適用されるのはどのような場合か―海外出張者と海外派遣者―国・中央労基署長（H社）事件・東京高判平28・4・27」季刊ろうさい2016年夏号 VOL.30, 18頁。

《2016年第131回大会シンポジウムⅠ補論》

労働者派遣法の原理的考察

本 久 洋 一

（國學院大學）

Ⅰ　問題の所在

　本稿は，労働者派遣法が，どのような目的をもち，どのような構成によって成り立っているのか，どのような対象に対して，どのような規制を行うべきかを規範論理的な観点から検討するものである。

1　常用代替防止の終焉

　労働者派遣法（以下「法」と略記することがある）は，常用代替防止を建前としているといわれる。しかし，そもそも常用代替防止は，法目的に掲げられておらず（法1条），労働者派遣という労働力需給調整制度の導入について既存の正社員雇用を侵食しないという消極的な法運営上の配慮事項（法25条）であるにすぎない。

　また，2015年改正[1]により，法の常用代替防止機能は大幅に減殺された。事業所単位の受け入れ期間制限は，派遣先の過半数組合等への意見聴取により，個人単位の受け入れ期間制限は，派遣先における組織単位の変更により，それぞれ更新可能となり，この場合の更新回数あるいは通算期間については制限がない（法40条の2，法40条の3）。法は，特定の派遣先において恒常的に派遣労働者を使用することを簡単に許容するものである以上，常用代替防止の観点から理解することは困難である。

---

[1]　2015年改正に関しては，法セ731号（2015年），ジュリ1487号（2015年）および労旬1870号（2016年）の各特集を参照。

2　法目的の不明確性

　労働者派遣法の目的については，2012年改正により，「労働力の適正な需給調整」ということに加えて，「派遣労働者の雇用の安定その他福祉の増進」が規定された（法１条）。この「派遣労働者の雇用の安定」とは何かということがはっきりしない。

　第１に，2015年改正の過程では，正社員化を促進するということが現政権により盛んに喧伝された[2]。しかし，同改正による期間制限の実質的な撤廃によって，契約申し込みみなし制の適用を回避する方途ができたことから，直用への通路は従前よりも狭くなった。第２に，その意味で，派遣労働者の雇用の安定とは，同一の派遣先における派遣労働者としての地位の継続ともとれる。しかし，これでは無規制に等しい。第３に，2015年改正は，現政権の規制改革政策の一環として，雇用の流動化を高めることによって，労働市場を活性化させて，結果的に雇用機会の増加を図る政策を背景とはしているものの[3]，派遣元に雇用安定化措置を一定の条件の下で義務付ける等，必ずしも雇用の流動化一辺倒というわけでもない。

3　対象および方法の混在

　対象も，規制方法も全く異なる事項が同じ１つの法律にまとめられているということもまた，法の理論的把握を困難にしている。

　現在では，以下の通り，派遣労働者は，同一の法律に包摂することが不適当なほど分化している[4]。第１に，いわゆる「正社員エンジニア派遣」。派遣元と無期契約を締結したエンジニア・技術者派遣を派遣するもので，比較的に安定的な雇用，良好な賃金水準を実現している。第２に，一般事務，製造業等に多い，特定の派遣先に比較的に長期に継続して就労する形態。これは，有期派遣

---

2)　衆院本会議議事録第22号（平成27年５月12日）における安倍総理発言等。
3)　本久洋一「規制改革会議の雇用制度改革は何をしようとしているのか」季刊労働者の権利300号（2013年）16頁，同「現下の日本の労働法政策について」月刊全労連230号（2016年）１頁参照。
4)　労働者派遣の実態については，厚生労働省「平成24年派遣労働者実態調査」，連合総研『派遣労働における集団的労使関係に関する調査研究報告書』等によっている。

による場合がほとんどである。第3に，複数の派遣先を転々とする形態で，まさに一時的・臨時的労働需要に対応するもの。現行法は，以上の3形態のいずれに焦点を合わせているのか分明ではなく，いずれについても適当ではない規制となっている憾みがある。

また，法には，事業者規制と見られる部分と使用者規制と見られる部分とが混在し，両者の関係があまり整理されていない。例えば，法には，「派遣元事業主以外の労働者派遣をする事業主」(法38条),「労働者派遣の役務を受ける者であって派遣先以外のもの」(法43条) といった文言に見られるように，派遣契約の解約，就業条件の明示等については，労働者派遣事業主を対象とするというよりも，派遣労働関係にある各使用者を対象とする規定も置かれている[5]。

以上のようにして，労働者派遣法は，その目的，対象および方法において，多義的ないし曖昧であり，体系的な把握が困難である。

Ⅱ 労働者派遣法の構成

1 基本的な考え方

では，労働者派遣法をどのように解すべきか。本稿の基本的見地は，実質的意義における労働者派遣法を，民間職業仲介事業法，三者間労働関係法および職業的社会保障という3カテゴリーの法に包摂される複合体と構成することを，形式的意義における労働者派遣法をめぐる解釈論および立法論の指針とするというものである。以下，各カテゴリーについて解説する。

2 民間職業仲介事業法としての労働者派遣法（事業者規制）

(1) 意 義　労働者派遣法における事業者規制は，労働市場法の一部門としての民間職業仲介事業法の一部として位置付けられる。すなわち，こうである。

労働者派遣法における事業者規制（いわゆる業法）の側面は，労働法体系上

---

[5] 萬井隆令「労働者派遣法における『派遣先』の概念」龍谷法学48巻4号（2016年）1515頁参照。

は，労働市場法に包含される[6]。労働市場に対する法規制は，「労働は商品ではない」（フィラデルフィア宣言等[7]）に表われているように，労働者の取引の一般的禁止を規制原理とし，労働権保障（憲法27条1項）を労働者の権利保障の原理としている。

労働者の取引の一般的禁止は，わが国では，有料職業紹介事業（職安法30条），労働者供給事業（職安法44条），労働者派遣事業（労働者派遣法），中間搾取（労基法6条）等に対する法的規制（原則禁止）として表われている。現在の観点からは，これらの法律は，ILO 181号条約第1条の意義における民間職業仲介事業者に対する法規制と整理することができる。

(2) 労働者派遣の規範論理的位置付け 労働者の取引の一般的禁止という体系的要請に照すと，法は，労働者派遣事業について一般的に許可制を課している点で（法5条1項），形式的にこれを満すものの，派遣労働の受け入れ規制については，労働者取引の禁止の体をなしていないものと評価せざるをえない。法は，特定の派遣先への労働者派遣の長期継続を許容するものであって，有料職業紹介の禁止あるいは中間搾取の禁止との体系的不整合が著しい。

問題の中心は，労働者派遣という労働者取引がどのような規範論理によって許容されるのかにある。前記の通り，わが国法の目的は多義的ないし曖昧であり，常用代替防止という建前に至っては破綻すら看取される。このように拠るべき立脚点がすべて崩落している以上，まずはヨーロッパ法における「一時的労働」の考え方を参照して，わが国法のあり方を原理的に再考すべきではないかというのが本稿の基本的見地である。

「一時的労働」とは，労働力の需給調整という労働者派遣制度導入の趣旨を根拠として，労働者派遣の利用を臨時的・一時的労働に限定するという単純かつ論理的な考え方である。これは，労働力の需給調整制度導入の必要性という法「外」的な要請に対する，法的な切り返しの論理ということができる。現在,

---

6) 鎌田耕一「労働市場法講義（上・中・下）」東洋法学57巻3号（2014年）138頁，東洋法学58巻1号（2014年）108頁，東洋法学59巻2号（2016年）230頁参照。

7) 石田眞「ILO『労働は商品ではない』原則の意味するもの」早稲田商学428号（2011年）641頁参照。

「一時的労働」は，EUレベルでは，労働者派遣の定義そのものである[8]。

他方，「一時的労働」と労働者の「雇用の安定」との関係については，加盟国の個性が表われる。例えば，フランスでは，徹底的な労働者派遣の利用制限により実態としても一時的労働を実現しているが[9]，その裏面として，若年層による低資格労働が労働者派遣の中心をなし，若年層の失業対策とキャリアアップのための職業訓練をめぐり制度の変転が続いている[10]。また，近年になって「一時的労働」の概念を導入したドイツでは，失業者を労働者派遣により就労への「橋渡し」する政策が，「一時的労働」による規制と相俟って，直接雇用を促進する効果をもつことが注目されている[11]。

以上の仏独における経験は，派遣労働者の「雇用の安定」とは，派遣労働による就労機会による安定雇用への「橋渡し」にあること，この労働者派遣の「橋渡し」機能は，国家による積極的な労働権保障（具体的には，失業補償と職業訓練）なしには実現されえないことを示している。この点は，「一時的労働」のみでは労働者派遣の法規制として十分ではないことを示唆するものということができる（後述4）。

(3) 一時的労働としての労働者派遣法の再構成　　やや皮肉なことではあるが，2015年改正により，労働行政の運営上の配慮事項としてではあるものの，わが国法においても「派遣就業は臨時的かつ一時的なものであることを原則とするとの考え方」（法25条）が初めて法律上明記されるに至った。

この「考え方」に照すと，法には多くの矛盾が見出される。第1に，事業所単位の期間制限は，別個の事由による臨時的・一時的労働需要が当該事業場において連続することが十分に考えられるので，意味をなさない。第2に，そもそも一時的労働の典型的形態がわが国では原則禁止となっている（日雇い派遣の原則禁止，派遣法35条の4）。第3に，この点は決定的であるが，再々述べてき

---

8) 労働者派遣に関する2008年11月19日 EU2008/104指令3条1項e。
9) 大山盛義「フランスにおける労働者派遣の意義と動向」日本労働法学会誌128号（2016年）29頁によると，平均派遣労働期間は，10日ほどである。
10) 大山・前掲注9）論文および大山盛義「労働者派遣法制の研究」東京都立大学法学会雑誌40巻2号（1999年）～41巻2号（2001年）参照。
11) 高橋賢司「ドイツの労働者派遣法」日本労働法学会誌128号（2016年）25頁参照。

たように労働者派遣の恒常的利用を許す制度となっている。

「一時的労働」を基軸として，労働者派遣法を再構成する作業は，現行法に対する大手術を必要とする。第1に，端的に，労働者派遣の利用事由を臨時的・一時的労働に限定すべきである。その上で，労働者派遣の期間制限については，事業所単位の期間制限を廃止し，個人単位の受け入れ期間制限（労働者派遣契約および派遣労働契約の期間・更新回数の制限）に一本化すべきである。もちろん，この点につき2015年改正が設定したような抜け道は許すべきではない。第2に，労働者派遣についての業種制限は，「一時的労働」から直接的には導出されないが，労働社会の歴史的文化的背景，危険作業従事の蓋然性等による基礎付けが可能である。第3に，労働者派遣の利用事由，期間制限ないし業種制限の違反については，派遣元のみならず派遣先についても刑事制裁を設定するとともに，民事制裁としての派遣先との契約強制制度を拡充すべきである（理論的問題につき，後述3の(3)）。第4に，日雇い派遣の原則禁止は，派遣労働者に対する社会的職業保障（後述4）を条件として，撤廃すべきである。

労働者派遣を「一時的労働」に限定すると，労働力の需給調整のニーズ（種々の休暇の代替労働，臨時的業務量の増加への対応等）に応えるための日雇い派遣が，むしろ労働者派遣の典型的形態となる。一般事務，製造業等に多く見られる特定の派遣先に比較的に長期に継続して就労する形態は，現在わが国において広く普及しているが，全面的な禁止の対象となる[12]。また，「正社員エンジニア派遣」等の専門職派遣は，一時的労働（労働者派遣）というよりも，フランスにおけるポルタージュ・サラリアル[13]に類する別建ての制度に包摂すべきである。

3 三者間労働関係法としての労働者派遣法（使用者規制）

(1) 意　義　労働者派遣法は，労働基準法等については，派遣元および派

---

12) こうした常用代替的派遣労働については，同一労働同一賃金の原則ないし就業形態差別の禁止による法的処理は迂遠に過ぎるというべきであり，端的に禁止の対象とすることが適当である。
13) 大山・前掲注9) 論文34頁参照。

遣先に労働法上の責任（使用者性）を配分する規範としての性格をも有している（法44条から法47条の2等）。他面，労働契約法および労働組合法については，法は使用者性の配分を示しておらず，判例・学説上の争いが続いている[14]。

　この労働法上の責任の配分問題は，労働者派遣に固有の問題ではなく，出向，請負（業務委託）等の三者間において具体的に労働関係が展開する場合には，常に問題となる。その意味で，実質的意義における労働者派遣法は，労働法上の責任の配分を定める三者間労働関係法に包含される側面をも持つ[15]。

　わが国においては，直接無期雇用を標準と定める法律は存在しないが[16]，わが国労働法体系が，直接雇用を法規制の事実上の標準として形成されたものであることは疑いない。この点，現行の各労働法規の三者間労働関係への適用関係の整備は驚くほど遅れており，特に派遣労働者は，事実上の標準から外れることの不利益を一身に負っている観がある。

　また，派遣労働関係における労働法上の責任の画定は，労働法を構成する各法律の原理にしたがって行われるべきである。例えば，労働契約の成立なり，労組法上の使用者の画定は，それぞれ労働契約法理なり，労組法の解釈の問題として処理されるべきであり，民間職業仲介事業法としての労働者派遣法の規制内容から直接的に要件を設定する解釈方法は適当ではない[17]。

　以上のようにして，派遣労働者の労働法上の保護の過少性は，派遣労働関係に対する労働法規の適用関係の未整備からも各労働法体系の混同からも，生じうる。以下，紙幅の関係上，労働契約法を素材に，派遣労働関係への労働法規

---

14) 問題状況の整理および私見として，本久洋一「労働契約上の使用者」（近刊・学会新講座第1巻第5章），同「第三者労働力利用と集団的労使関係」毛塚勝利編著『事業再構築における労働法の役割』（中央経済社，2013年）234頁。

15) 「三者間労働関係法」については，毛塚勝利「偽装請負・違法派遣と受入企業の雇用責任」労判966号（2008年）5頁および同教授との討論から想を得た。

16) 例えば，フランス労働法典 L.1221-2条1項は，「期間の定めのない労働契約は労働関係の通常かつ一般的な形態である」と定める。

17) この意味で，マイスタッフ（一橋出版）事件・東京高判平18・6・29労判921号5頁のように黙示的労働契約成立法理の適用に関して派遣労働関係について要件を加重させる解釈や，ショーワ事件・中労委命令平24・9・19別冊中央労働時報1436号16頁のように，労働者派遣法違反を労組法上の使用者性判断の要件とする解釈は，適当ではない。

の適用関係について検討する。

(2) 労働者派遣の法律関係　労働者派遣の法律関係をどのように構成するかは，労働法規とくに労働契約法理の適用関係の整備について，最も基本的な事項である。この点は，労働法学上の難問の1つであるが[18]，わが国の派遣労働関係が実態上も法律上も「一時的労働」として徹底していないことが，この難問化に大きく寄与している。例えば，派遣労働者が労働義務を負うのは派遣元に対してのみであり，派遣先はその労働義務を具体化する権限として指揮命令権を持つにすぎないとの解釈は[19]，フランスのように一時的労働としての法規制が徹底し実態上も10日間ほどの派遣就業が一般的である社会には適合的であるが，特定の派遣先における継続的な派遣就業を許すわが国においては，法律構成としても実務上も，適当ではないことが多いだろう。

わが国法のように一時的労働に限定されない広範な就業実態を包含する制度の下では，派遣先と派遣労働者との私法上の関係は，実態により様々というほかないが，その濃淡によって，下記の3段階が考えられる。

第1に，派遣元との労働契約という法律関係に基づく，派遣先の指揮命令による具体的な就労関係という社会的接触関係によって形成される，派遣先と派遣労働者との信義則上の関係は，どのような形態の派遣労働においても認められる私法上の関係である。この信義則上の関係は，派遣先の安全配慮義務としてのみならず，派遣契約解除に際しての雇用関係に対する配慮義務としても表われる[20]。

第2に，製造業・一般事務職に多く見られる継続的派遣や専門職派遣に多い常駐型就労の場合には，当該派遣就労を派遣元の労働義務の履行とのみ見ることは困難であることから，派遣先と派遣労働者との間には，指揮命令権と労働義務とからなる部分的契約関係が成立していると解すべきである。

---

18) 西谷敏「労働者派遣の法構造」和田肇ほか編『労働者派遣と法』（日本評論社，2013年）71頁，土田道夫「出向と派遣」日本労働研究雑誌657号（2015年）58頁参照。
19) 山川隆一「労働者派遣関係の法律構造」野川忍ほか編『変貌する雇用・就労モデルと労働法の課題』（商事法務，2015年）391頁。
20) 三菱電機事件・名古屋高判平25・1・25労判1084号63頁（原審・名古屋地判平23・11・2労判1040号5頁）参照。なお，法29条の2参照。

第3は，黙示的労働契約成立法理の適用により，派遣先と派遣労働者との間に，十全の労働契約関係が認められる場合である[21]。

　以上のように，派遣先と派遣労働者との私法上の関係は種々ありうるのであり，今後の理論的課題としては，いわゆる派遣先指針に示されているような派遣先の行為規範について，派遣先と派遣労働者との間の信義則上の義務として基礎付けていく作業が必要である。

　(3)　派遣先に対する労働契約の締結強制　　労働契約申し込みみなし制度（法40条の6）については，派遣先に対する締結強制がなされることから，労働契約法理の観点から疑義が表明され[22]，これに対しては，違法派遣の民事制裁として正当性を持つ旨の反論がなされている[23]。この問題は，本稿の見地からは，労働者派遣法を構成する3カテゴリーの法体系の相互関係という理論課題に関わる。

　労働契約申し込みみなしの対象となる違反行為のうち，個人単位ないし事業所単位の期間制限の超過およびいわゆる偽装請負にあたる場合については，派遣先と派遣労働者との間の私法上の関係の熟度の関係から，黙示的労働契約成立法理と接続するようなかたちで，労働契約法理と整合的に，派遣先の雇用責任を導出することが可能である。

　これに対して，禁止業務に従事させた場合および無許可派遣事業者からの派遣受け入れの場合については，確かに，労働契約法理の観点からは，派遣先への締結強制を正当化することは困難である。また，民間職業仲介事業法としての労働者派遣法の観点からの実効的な制裁の必要性ということだけでは，派遣先に対する刑事制裁を基礎付けることができても，締結強制の根拠としては弱い。

---

21)　労働者派遣に対する黙示的労働契約成立法理の適用については，本久・前掲注14)論文参照。
22)　大内伸哉「雇用強制についての法理論的検討」荒木尚志ほか編『労働法学の展望（菅野和夫先生古稀記念論集）』（有斐閣，2013年）94頁，野田進「有期・派遣労働契約の成立論的考察」同書219頁。
23)　鎌田耕一「労働法における契約締結の強制」山田省三ほか編『労働法理論変革への模索（毛塚勝利先生古稀記念）』（信山社，2015年）521頁。

したがって，法40条の6の要件すべてを規範的に正当化するためには，労働者派遣事業規制の実効性確保の要請，労働契約法理の観点に加えて，次に述べる社会的職業保障による規範的根拠付けを要するものと考える。

4　社会的職業保障としての労働者派遣法

社会的職業保障とは，就労可能者について，雇用労働を通して，社会的包摂を増進させる政策体系の謂いである[24]。「一時的労働」は，臨時的・一時的労働需要への対応に限定された理想型においてこそ，派遣労働者にとっては，不安定雇用にほかならない。「一時的労働」とは，あくまでも労働力需給制度の「適正」性（導入の正当性）に関わる規範論理であるとすれば，「派遣労働者の雇用の安定その他福祉の増進」という観点からは，どのような契機によって労働者派遣を規範的に正当化できるのか（法1条）。

確かに，派遣労働は，雇用責任を負うことなく労働を利用できる制度として求人者にとってアクセスが容易であるという意味で，求職者にとってもさしあたりの雇用機会となりうる。しかし，アクセスの容易さは，雇用の不安定，労働の質の低さ，作業の危険性と裏腹であり，低資格労働の連鎖が派遣労働者にとってキャリアアップに接続しないことは，まさにわが国の実態が示している[25]。また，派遣労働者という形態による社会への組入れは，「雇用身分社会」ともいわれるわが国の実情においては，新たな社会的排除の契機ともなっている[26]。

したがって，労働者派遣を労働権（憲法27条1項）の観点から規範的に正当化するためには，派遣労働者にとって派遣労働という就業形態が安定雇用無期契約へと接続するような積極的な制度的保障が必要である（法40条の6もその1つ）。本稿は，以上のような見地から，派遣労働者に対する職業教育保障を労働者派遣の規範的許容の本質的要素と解する浜村彰教授の見解を基本的に支持[27]

24）　フランスにおけるSécurité sociale professionnelle に想を得ている。この政策については，荒井寿夫「現代フランスの雇用戦略に関する一考察」滋賀大学経済学部研究年報19号（2012年）1頁等参照。
25）　中野麻美『労働ダンピング』（岩波書店，2006年）参照。
26）　森岡孝二『雇用身分社会』（岩波書店，2015年）参照。
27）　浜村彰「労働者派遣の今後の法的規制のあり方」日本労働法学会誌112号（2008年）44頁。

したい。

　この点，2015年改正によって導入された派遣元の義務としての雇用安定措置（法30条）は，対象となる労働者を「3年間派遣される見込みのある」者に限定するものであって，職業訓練の実施を第1次的に派遣元の責任とし，雇用保険法上の支援措置として国が派遣事業主を助成するスキームを採用している点で妥当ではない。

　一時的労働を許容した国こそが，派遣労働者に対する職業教育の第1次的な責任主体たるべきであって，一時的労働を転々としてキャリアップの機会を享受しえない層に対しても等しく職業教育の機会を保障してこそ，派遣労働者の福祉の増進をはかる雇用安定措置の名に値する。

　　　　　　　　　　　　　　　　　　　　　　（もとひさ　よういち）

〈追　悼〉

中山和久先生の思い出

早稲田大学教授　島田　陽一

　2016年12月24日，中山和久先生（早稲田大学名誉教授，元学会代表理事）は，長い病との戦いの末，永遠の眠りにつかれた（享年86歳）。ご子息の一郎さん一家の近くのホスピスにおいて，手厚い看護のなか家族に囲まれての安らかな最後だったと伺っている。

　中山先生は，1930（昭和5）年福岡県北九州市にお生まれになり，1949（昭和24）年に第一早稲田高等学院を経て，早稲田大学法学部に入学され，1952（昭和27）年に同学部を卒業後，早稲田大学法学研究科に進まれ，研究者として道を歩まれた。指導教授は，戦前において日本の軍国主義に対して国内外での抵抗運動に参加され，戦後の早稲田大学において労働法研究の基礎を築かれた故野村平爾先生だった。1955（昭和30）年に早稲田大学助手として採用され，同大学講師，助教授を経て，1968（昭和43）年に教授に就任されている。この間に，『ILOと労働基本権』（日本評論社，1963年）により法学博士（早稲田大学）の学位を取得されている。定年の1年前の2000年3月に早期退職され，埼玉女子短期大学長を1期務められた。

　本学会においては，長年にわたり理事に選出され，事務局長，代表理事の要職を歴任され，本学会の運営に大きく貢献された。先生の事務局長時代，事務局の負担軽減に注力され，学会費の振込払い方式を導入した。それまでは，学会当日に受付で支払うという方式が基本であり，事務局員の大きな負担であったからだ。当時の方式に拘る年長の理事の方々も少なくない中で，事務局員の事務負担の軽減という視点から理事会を説得されたことが印象に残っている。

　私は，父親（島田信義）が野村研究室における先輩であったため，1959（昭和34）年3月，私が6歳のときにお会いしている。それは，父に連れられていった野村先生の生地である安房鴨川で催された，研究室の家族連れの懇親会であった。その時感じた，父とはだいぶ違う，先生のスマートな印象は，いまに至るまで変わっていない。しかし，研究者としての先生との出会いは，1974（昭和49）年，私が早稲田大学法学部4年のときである。3年のときに籾井常喜先生のゼミで労働法の面白さを感じた私は，今思えば不遜にも労働法の研究者になりたいと考え，中山先生のゼミを選択したのである（当時の早稲

田のゼミは，1学年ごとであった）。籾井先生のゼミが主要論点についての報告を踏まえた主として先生との議論（ときには激論）が中心であったのに対して，中山先生のゼミは，最新判例を素材にした判例研究が中心であった。懲戒処分に関する日本鋼管川崎製鉄所事件（最二小判昭49・3・15）と国鉄中国支社事件（最一小判昭49・2・28）の二つの最高裁判決について，当事者の主張，認定事実および判旨を腑分けし，最判の判例法の位置付けを綿密に行う判例研究の指導が懐かしく思い出される。懲戒権の法的根拠に関する諸学説を報告して満足していた私は，それらの学説と最判の法理との関係を問われ，答えに窮した思い出がある。そして，当時は専門必修科目であった「労働法」の講義も拝聴した。4単位の労働法は，1年を通じて，集団的労働関係法に関する講義であった（選択科目に松岡三郎先生が担当される「労働基準法」があったが，人気科目であり，抽選に外れて残念ながら受講できなかった）。なかでも，官公労働者の労働基本権に関して，旧労組法時代から歴史的な経緯を辿りながら，また，ILO基準から全農林警職法反対事件最判の論理を鋭く批判していたことが印象深い。まさに，当時の先生の研究の最先端を伺うことできたのである。そして，1975年の大学院進学以来今日に至るまで，ご指導を頂いてきた。その方針は，一貫して自分で問題を見つけ，自分でよく考えろということであったように思う。時折鋭いご指摘を受けたことが思い出される（実際には，その場ではわからず，後で気づくことも多かったが）。個人的には，1989年にバルセロナでの国際学会に出席した蔡に，街の小さなレストランで先生ご夫妻とディナーをご一緒したことが楽しい思い出となっている。

　さて，先生の研究活動は，多岐にわたるが，その中心的な課題は官公労働者の労働基本権問題であった。そして，それは，日本の官公労働者の労働基本権回復を中心とする運動に深く結びついていたことが特徴である。実際，先生は，多くの組合運動の指導者および実務法曹の方々と交流されていたことを折々のお話から感じていた。また，先生は本学会だけではなく，民主主義科学者協会法律部会でも理事，事務局長を務められたほか，日本教育法学会，交通権学会，日本民主法律家協会，日本国際法律家協会において理事を，日本学術会議においては，そして1996（平成8）年から二期にわたって第2部部長を務めるなど広い分野で活躍された。

　このような先生の幅広い活動は，恩師であられる野村先生の理論と実践を受け継ぎ，法学者の立場から日本社会の民主化を目指すという姿勢に裏打ちされていたものであろう。先生は，正確な定義があるわけではないが，「民主主義法学」と呼ばれた潮流に自覚的に身を置いていたということができよう。もっとも，私が紹介できる先生の研究活動は，その全体像ではなく，労働法学者という限られた側面に止まざるを得ない。それも労働法分野の多様な業績のうち，官公労働者の労働基本権に関するものを紹介することにしたい[1]。この課題こそ，先生の心血を注いだ分野と考えるからである。

現在の労働法学会ではメインテーマでなくなった官公労働者の労働基本権という先生の研究課題の意義を紹介するためには，日本の官公労働運動の動きを振り返ることが必要である。それなくしては，先生のこのテーマに対する熱情を理解することができないと考えるからである。

　第二次世界大戦後，アメリカ合衆国を中心とする占領軍は，日本社会の民主化を目標にいわゆる戦後改革を急ピッチで進めたが，労働分野においては，終戦の年の12月には早くも労働組合法（旧労組法）が成立したように，労働組合奨励策がとられた。この動きに呼応して急速に労働組合の組織化が進んだ領域の一つが官公労働者であった。1946（昭和21）年9月には非現業国家公務員により全国官庁職員労働組合協議会（全官労）が結成されている（20組合9万2000人）。そして，戦後直後の混乱期における国民の困窮状態を背景に労働運動は攻勢を強め，ゼネラル・ストライキ（ゼスト）の実施によって当時の吉田内閣打倒を目指すことになった。その中心となったのが，全官公などによって同年11月に結成された全官公庁共闘（153万人）であり，1947（昭和22）年2月1日にゼネストを準備した（2・1ゼネスト[2]）。しかし，連合国軍総司令部（GHQ）は，日本共産党の影響を強く受けた労働組合運動が占領政策の枠組みを超えて展開していることから，その前日にゼネスト禁止命令を出した。そして，1948（昭和23）年7月22日，占領軍最高司令官マッカーサーより，国家公務員の争議行為禁止および鉄道，たばこなどの専売事業についての公共企業体の設置などを内容とする公務員法改正に関する書簡が芦田均首相にだされた。これを受けて政府は，この書簡の内容を実現するために直ちに同月31日に政令201号（内閣総理大臣あて連合国最高司令書簡に基く臨時措置に関する政令）を公布施行し，国，地方公共団体の公務員の争議行為を全面的に一律禁止した。旧労組法のもとで認められていた公務員の争議権が，1947年の憲法制定によって，基本的人権として明確に保障されたにも拘わらず，超憲法的な占領軍という権力によって，公務員から奪われていったのである。この後，1948年の国家公務員法改正（国公法），1949（昭和24）年に公共企業体労働関係法制定（公労法），1950（昭和25）年の地方公務員法制定（地公法），1952（昭和27）年の地方公営企業労働関係法制定（地公労法）によって，政令201号の官公労働者に対する争議行為全面一律禁止法制が国内法されたのである。

　このような時代背景において，日本社会の民主化を志し，また，戦前から国内外で軍国主義に抵抗する実践活動に深く関わっていた野村先生の薫陶を受けて労働法の研究活動を開始された先生にとって，日本国民のみならず，多くの国の民衆を甚大な被害を与えたすえに実現した戦後日本の平和と民主主義に逆行する官公労働者からの争議権剥奪は許されべからざるものと意識されたことは間違いない。そして，官公労働者が憲法28条の保障する争議権の享受主体であり，それを全面的に一律に，しかも刑事罰を担保に禁止することが違憲であるとの確信は，先生のみならず戦後労働法学を担った多くの研

究者に共有されていたと言える。

　先生は，研究生活の早い時期に野村先生から ILO の研究を示唆された。野村先生は，弟子のなかでもっとも語学が堪能な先生に国際労働法の視点からの官公労働法制の研究を託したのである。ここから先生の膨大な ILO 文書との格闘が始まったのである。

　最初の大きな課題は，「公共企業体の職員でなければ，その公共企業体の職員の組合の組合員又はその役員となることはできない」とする当時の「公労法4条3項」問題であった。公労法の適用を受ける国鉄や郵政などの職員組合が争議を実施したため，その役員が公労法18条によって解雇され，公共企業体職員ではなくなった。すると，当局は，これらの労働組合に対し，公共企業体職員ではない者が役員となっていることから，団体交渉を拒否したのだった。これに対し，1957（昭和32）年，組合側は，当局の措置が労働組合権の侵害であるとして ILO に提訴した。いわゆる ILO 闘争の本格的な始まりであった。そして，ILO に対する提訴をめぐる活動こそ，先生にとって，その後生涯をかけての理論と実践の戦場であったといって過言ではない。1958（昭和33）年，ILO 結社の自由委員会は，当局の対応について，ILO87号条約にいう「労働者が完全な自由のもとにその代表者を選出する権利，換言すれば結社の自由の基本的な面の一つを構成する権利に干渉することもできることを意味する」との見解を示した。このことが ILO87号条約批准運動の大きく発展させることになった。ILO は，日本問題を検討するため，1964（昭和39）年，初めて「結社の自由に関する実情調査調停委員会」を組織した。このときの委員会の調査報告が委員長の名前を取って名付けられた「ドライヤー報告」（1965（昭和40）年）である。この大部の報告書は，片岡曻先生と先生が翻訳されている（『ドライヤー報告』労働旬報社）が，この状況の中で ILO87号条約の批准が実現し，また，それに伴って公労法4条3項の廃止を含め官公労働法の改正が行われたのである。1960年代後半からは，官公労働者の争議権回復が官公労働運動と先生の研究のメインテーマとなった。

　1919（大正8）年に設立された ILO は，争議権そのものを明確に保障する条約を有していない。そもそも ILO が集団的労働関係に関する条約・勧告を採択したのは，1948年の ILO87号条約（結社の自由と団結権の保護に関する条約）が最初であった。その後，1949年に団結権および団体交渉権についての原則の適用に関する条約（98号）が採択されている。しかし，これらの条約に争議権に関する明文の規定は存しない。それにも拘わらず，ILO の活動のなかから示される国際文書から日本の官公労働者の争議権禁止全面一律禁止法制を問題視する見解を引き出すこと，これが先生の課題であった。

　先生は，労働組合にとってストライキが不可欠の活動手段であるという確信を出発点とする。この確信は，国際的な労働組合運動の歴史とともに，日本の官公労働組合が，争議権禁止法制下においても1950年代後半から果敢にストライキを実施していたという

事実に支えられていた。この確信の下に，争議権を規定していない ILO87号条約の保障する権利の具体的な適用過程を ILO 結社の自由委員会などが示す見解を判例法と位置づけて，ILO が争議権を基本権と把握するようになったことを論証していったのである。その過程での理論的成果が，先生の学位請求論文となった『ILO と労働基本権』である。その後も，ILO の労働基本権に関する膨大な文書が先生の研究の素材となった。ILO の見解は，その国際機関としての性格から間接的でかつ微妙な言い回しが多い。そのため，ILO の文書は，過去の文書を踏まえて，その文脈のなかで ILO の見解を読み説く必要がある。しかし，この作業は実際には簡単な作業ではない。また，civil servant という語がどの範囲の官公労働者を意味するかをはじめとした緻密かつ正確な翻訳が求められた。従って，この分野は，学会においてもまさに先生の独壇場であった。

　官公労働運動の展開と先生などの理論活動は，判例にも大きな影響を与えていった。公共の福祉，公務員の全体の奉仕者性を根拠として官公労働者の争議行為禁止法制を合憲とした最高裁判決（国鉄弘前機関区事件・最二小判昭38・3・15）が1966年以降判例変更され，争議禁止規定を限定解釈することによって合憲性が維持できるとする最高裁判決が登場するに至った（全逓東京中郵事件・最大判昭41・10・26，都教組事件・最大判昭44・4・2）。これらの判決は，抽象的な公共の福祉論および全体の奉仕者論に依拠して官公労働者のあらゆるストライキを一律に取り扱うのではなく，争議権禁止規定の対象が具体的な職務の公共性という視点から国民生活に重大な影響のある争議行為に限定されるという限定解釈の手法をとった。まさに ILO とそれを丹念に紹介した先生の業績が大きな影響を与えていたと言えよう。これら2判決の登場により，理論的焦点は，官公労働者の争議行為参加者に対する民事責任から解放と ILO からの指摘を受けて政府が組織した公務員制度審議会の動きに対応した官公労働者の争議権に関する立法構想に推移するかに思われた。この間の先生の研究成果を凝縮しているのが『公務員の労働基本権— ILO・国際水準の到達点と権利闘争』（労働旬報社，1972年）である。

　しかし，1973（昭和48）年以降，官公労働者の争議権回復運動は暗転することになった。最高裁2判決の理論は，全農林警職法事件（最大判昭48・4・25）および全逓名古屋中郵事件（最大判昭52・5・4）の二つの最高裁判決によって完全に否定されたからである。全農林警職法事件最高裁判決が出た当時，労働組合運動は戦後直後以来の高揚期であり，争議統計をみても，1975（昭和50）年には争議件数がピークを迎えている。当時の官公労働運動は，ストライキ権の行使という実力によって争議権を回復するという方針をとった。この動向に対応して，官公労働者の争議権に関する立法構想論が学会でも盛んに議論された。先生は，その中でも国際水準との関係であるべき立法構想を提示されるとともに（『スト権奪還の理論』（労働旬報社，1974年，片岡昇，青木宗也，籾井常喜，本多淳亮との共著）），1974（昭和49）年には，学会シンポジウムにおいて，立法構想に関わって「官公労

追 悼

働者とストライキ権」を担当されている。

官公労働運動によるストライキ権奪還闘争は，1975年11月26日から8日間に渡って決行されたいわゆるスト権ストの失敗により急速に勢いを失っていった。そして，石油危機以降の高度経済成長の終焉のなかで，官公労働運動以上に，民間の労働組合は，要求実現のためにストライキを実施するという戦術をとることは稀となっていたのである。

この状況において，先生の理論研究は，争議権全面一律禁止法制を改めて合憲とした最高裁の理論との格闘であった。その成果の一つがこの時期までの判例研究である『争議権裁判例の軌跡―現行官公労法の焦点』(一粒社，1975年)であったが，この時期にもっとも注目すべきは，『ストライキ権』(岩波書店，1977年)であろう。

先生は，最高裁のストライキ権論がいわゆる生存権的基本権論に基づいており，生存権実現のための手段的権利であれば，他に代わる手段があれば権利の制約が可能であると理解していることに理論的に真向から挑戦されたのである。『ストライキ権』はストライキ strike という言葉が「船乗りたちが仕事止めの合図に帆柱をたたいたところからきている」とするエピソードから書き起こしている。それは，ストライキ権が手段的権利ではなく，「人間の反抗の意志を表す行動形態」という「もっとも人間的なもの」であり，だからこそ根絶させられることがないのだと説く。このストライキの人間としての根源性を反映するストライキ権論，すわなち，「労働者が自由な人間であることとしてのストライキ権」の構築がこの著書で試みられたのである。

先生のストライキ権論が成功したといえるかは，多様な見解がありえるだろう。ここでは，先生の理論的な到達点というべきストライキ権論の構築が先生の研究の展開においてどのような意味を持っていたかを確認しておこう。先生のストライキ権論は，それを個人の権利として把握するというそれまでの日本の労働法学にはない権利論が前提となっていた。この理論が，先生が二度にわたって長期留学されたフランスで実際に見聞されたストライキの実態とそのもとで展開されている個人主義的な労働法制と労働法学に影響を受けていることは間違いがない。しかし，日本において，個人主義的な労働法理論を展開することは，恩師である野村先生などが築かれた集団主義的な戦後労働法学の理論との決別を意味する側面があったはずである。野村先生は，ストライキ権を労働者の抗議の意思表示を把握するという側面もあったが，その理論的な骨格は，憲法28条を生存権的基本権ととらえた集団主義的な労働法学であったからである。ここに先生における恩師からの発展的な飛躍をみることができよう。また，先生のストライキ権論に象徴される個人主義的な労働法理論は，学会における集団主義的な労働法理論の見直しの流れを加速する刺激を有していたことも確かであろう。

官公労働者のストライキ権をめぐる状況は，先生の期待とは異なる方向で大きく変わった。そもそも官民問わず争議件数は激減し，いまや組合のリーダーといえども，その

ほとんどがストライキの経験自体を持っていない。1970年代の官公労働者に対する争議権全面一律禁止法制を合憲とする判例法理は，1960年代のように官公労働者によるストライキの実施という現実からの批判に晒されることなく，強固に確立したように見える状況である。また，1970年代から政府が示していた経営形態の変更は，着実に進み，地方公営企業が残っているものの，公共企業体はすべて民営化され，現業国家公務員も中心的勢力であった郵政事業が民営化され，いまや印刷および造幣を残すだけである。スト権ストの主要な実行部隊であった組合のほとんどは，民間労組となり，一部を除いて，実際に行使することはないがストライキ権を享受することになった。その後，公務員制度改革の過程で非現業公務員についても限定的であるが，団体交渉および労働協約の締結を認める国家公務員労働関係法が法案として国会に提出されたが，廃案となってしまった。近い将来，公務員がストライキ権はおろか，団体交渉権・労働協約締結権すらも獲得する可能性は高くない。

　先生は，天国でもこの状況を憂いていると思われる。今日，官公労働者の労働基本権問題について，国民の理解をえるためには，先生の研究が官公労働者の労働基本権を対象とするなかで，ストライキ権そのものの研究に進んだように，いまや現代における集団的労使関係法が国民の基本的人権として不可欠であることを示す労働法理論の再構築が求められているのかもしれない。それが，先生の後を引き継ぐ世代の責務とも言えよう。

【注】
1）　なかでも，国際人権規約，ヨーロッパ人権憲章などの国際人権から労働法をみるという研究は特筆に値する。
2）　以上については，国公労連HP（http://kokkororen.com/history.php）参照。

（しまだ　よういち）

〈追　悼〉

林　弘子先生を偲ぶ

久留米大学名誉教授　阿部　和光

　一　昨年（2016年）11月21日，本学会の会員で，宮崎公立大学学長（当時）であった林弘子福岡大学名誉教授がご自宅で急逝された（享年73歳）。女性の平均寿命が80代後半に達している今日では，早過ぎる旅立ちである。
　私は同月22日の早朝，大橋將・前日本赤十字九州看護大学教授からのメールで，初めて先生のご逝去を知った。突然の訃報に驚愕し，信じがたい思いであった。
　私が最初に先生にお会いしたのは1970（昭和45）年4月に，九州大学大学院法学研究科（社会法専攻）に修士として入学し，故荒木誠之先生（九州大学名誉教授）の社会法ゼミに初めて出席した時であった。私は授業の開始時刻の大分前から，ゼミ室で緊張しながら待機していた。そこへ先生が来られ，「助手の林です」と名乗って着席した。私は慌てて立ち上がり，ぎこちなく自己紹介をした。
　この時の出会いから，40有余年の歳月が経過した。これほど長い間，林先生に研究会仲間としてお付き合いいただくことになるとは，当時まったく想像していなかった。そのうえ私が先生の追悼文を書く立場になるとは，神のみぞ知る巡り合わせである。私の力量不足に加え，同門であまりにも近い存在なので，先生のご研究について客観的な学問的評価をするのは難しいが，在りし日の先生の学問への情熱に思いを馳せながら，先生を偲ぶ一文を記すことにしたい。

　二　研究者の道へ
　林先生は福岡県に生まれ，九州大学法学部に進学して，1966（昭和41）年，卒業と同時に同大学院に入学し，大学院ではアメリカ労災補償制度を研究テーマにした。先生が大学院を選択したのは，後に指導教授になる恩師の林迪廣九州大学名誉教授の勧めがあったからである。先生は1968（昭和43）年に修士課程を修了して，九州大学法学部助手になった。この翌年の1969（昭和44）年4月に，荒木先生が熊本大学法文学部から九州大学法学部に転任された。九州大学の社会法講座は林（迪廣）・荒木両先生が二枚看板となって，研究指導体制が強化された。荒木先生が労災補償法の研究から社会保障法学に視野を広

げ，荒木理論と称される社会保障法の基礎理論を確立された時期に九大に来られたのは，労災補償制度を研究対象にしていた林弘子先生にとっても僥倖であった。

当時の九州大学法学部助手は，博士課程の院生と比べると「特権的地位」にあった。九州大学法学研究科では，修士課程修了後の進路は，博士課程（今日の博士後期課程）と助手のいずれかであった。助手には手厚い給与と個室の研究室が与えられていたのに対し，博士課程の院生は経済面では貸与制の低額の奨学金しかなく，研究室は数名の院生の共同使用であった。林弘子先生が助手に抜擢されたのは，社会法講座の指導教授であった林迪廣先生と教授会が先生の研究者としての将来を嘱望し研究能力を高く評価していたことを示している。今日まで，先生はその期待を裏切らない研究成果を挙げてこられた。先生はアメリカのチューレン大学ロー・スクールでもアメリカ労災補償を研究し，1970（昭和45）年同大学から修士の学位（LLM）を授与された。

帰国後，1972（昭和47）年に熊本商科大学に専任講師として就職し，翌年助教授，1979（昭和54）年に教授になられた。そして1985（昭和60）年に，福岡大学法学部教授に転任された。同大法学部では，先生が初の女性教授であった。この頃は福岡大学に限らず，全国的に女性の研究者・教員は少なかった。私の学生時代も法学部に進学する女性の数がきわめて少なく，当時の九大法学部の女子学生は1割に満たなかった。当然，大学院入学を希望する女子学生もほとんどなく，さらに労働法を専攻する女性は皆無といっても過言ではなかった。林弘子先生は九州大学社会法講座では，最初の女性の院生であり助手であった。

専任教員に就職されてからも，林先生は在外研究にしばしば出かけられた。1975（昭和50）年には，フルブライト研究員としてイェール大学ロー・スクールで研究に従事されたが，それはほんの一例にすぎない。日本社会のあらゆる分野における男女の不平等は，高等教育分野でも例外ではなく，女性が研究者として育つ条件は，時代を遡るほど厳しかった。そのような時代的社会的環境の下で，先生は社会法分野の研究を通して「グラスシーリング」を突き破り，自ら男女平等の実現を求めて先駆的役割を果たしてこられた。

三　初期の研究

林先生の労働法研究の出発点は，大学院におけるアメリカ労災補償法の研究であった。その成果の一部は「アメリカ労働者災害補償制度㈠――及びわが国における労働災害補償制度の若干の問題点」（法政研究37巻5・6号135-182頁）である。この論文の中で，先生はアメリカの労災補償制度の研究の目的について，次のように述べている。「今日（筆者注：1960年代当時），労災，公害，交通事故が重大な社会問題化しているのは，わが国のみならず世界的傾向といわれているが，後の二者は同時に労災問題の重要な構成要素と

追悼

もなっている。…（中略）…公害問題に関しては，被害者の救済のために企業の無過失責任の法理の導入あるいは被害者側の因果関係の立証責任の緩和が要請されている。この問題についてもアメリカの労災法の歴史と現状の分析が，何らかの示唆を与えはしないかと思う。というのは，無過失責任法理に基づく労災法が，長い苦闘の後に生み出されたアメリカとは異なり，わが国の場合，外形的には立法による上からの解決という形で無過失責任の導入は，何の抵抗もなく行われたからである」。先生のこの問題認識は，後に労災保険法と労基法の災害補償との性格付けが，学説でも判例においても論点となることを予見していたようにも思える。

こうして始まった先生のアメリカ労災法への取組みは，上述したチューレン大学ロー・スクールでさらに研究を重ね，1970年代に一連の労災補償の論文として発表された（たとえば上記法政研究に掲載した続編でもある「アメリカにおける労災補償法の成立」熊本商大論集39巻，1993年や「アメリカにおける労災補償と民事賠償（上）（下）」労働研究会報1279-1280号，1979年など）。

先生のご業績を改めて振り返ってみると，初期のアメリカ労災補償法研究は，その後の研究に大きな影響を及ぼしているように思われる。

第1に，アメリカ法の比較法的研究を通して堪能な語学力を駆使し，国連条約，ILO条約およびEU諸国の法律など幅広く渉猟し，法の解釈や制度の検討に客観性，普遍性を付与する手法は，論文に論理性と説得性をもたせることに役立っている。

第2に，荒木誠之先生が労災補償法研究から社会保障法へと研究対象を広げたように，先生も社会保障法の領域へと視野を広げていった。この傾向は荒木門下の良永彌太郎熊本大学名誉教授や柳澤旭山口大学名誉教授などとも軌を一にしており，かつての九大社会法講座で学んだ研究者の共通点でもある。

第3に，労災補償における労働契約の付随義務である安全配慮義務を敷衍して，健康配慮義務から職場環境配慮義務へと深化することによって，セクシャル・ハラスメントの法理の理論化の基礎的土壌となっている。

第4に，セクシャル・ハラスメントから，労働条件の平等化（差別禁止），さらに「ジェンダー主流化」へと展開し，性に起因する問題がより深く掘り下げられていくことになる。

このように，林先生は主たる研究関心を，セクシャル・ハラスメントから労働関係における女性の地位向上へと移していかれた。

四　セクシャル・ハラスメント

周知のことであるが，林先生はセクシャル・ハラスメント法理の確立に，大きな貢献をされた。わが国におけるセクシャル・ハラスメント問題は，1980年代から次第に大き

く論じられるようになったが，1989（平成元）年8月に提訴された福岡セクシャル・ハラスメント訴訟が，労働問題としてのセクハラが社会的に注視される契機となった。この事件で先生は鑑定意見書を福岡地裁に提出し，原告および弁護団を理論面でバックアップすると共に，精神的にも支援をした。なお，山田省三中央大学教授もイギリス法からのアプローチを踏まえた鑑定意見書を福岡地裁に提出された。

　こうした訴訟支援と併行して，先生は専門誌にセクシャル・ハラスメントについての論文を発表し，学界にインパクトを与え論争を喚起してきた。ジュリスト956号（1990年）がセクシャル・ハラスメントの特集（座談会と3本の論文）を組んでいるが，そのなかに林論文も含まれている（林「職場におけるセクシャル・ハラスメントへの法的対応」）。

　男女雇用機会均等法（1985年）は，1990年代前後の段階ではすでに制定されていたものの，同法にはまだセクシャル・ハラスメントの規定がなかった。もちろん，セクハラそれ自体は社会的事実として以前から発生していた。しかしセクハラを規制する法規範は実定法上もなく，判例法理もまだ形成されていない法的環境にあった。先生はアメリカの公民権法第7編の性差別禁止規定と，それに基づく雇用機会均等委員会（EEOC）のガイドラインの定義を援用して，日本におけるセクシャル・ハラスメントの法理の構築を志向した。上記EEOCのガイドラインは，セクシャル・ハラスメントを「代償型」（後に「対価型」と呼称される）と「環境型」で定義している。この定義はアメリカの裁判実務でも受容され，他の主要国にも普及しており，林先生はこうした状況を踏まえて，論文でも，また福岡セクハラ訴訟の鑑定意見書でも，対価型と環境型のセクハラ定義を前提に（周知のとおり福岡セクハラ事件は環境型である），セクハラ行為に対して法的評価（違法性と行為者および使用者の不法行為責任の成否）を検討している。セクハラ事件では最初に提訴された福岡セクハラ訴訟事件で，原告労働者が勝訴し一審判決（福岡地判平成4年4月16日）が確定したことは，学界および社会に対して大きな影響を与えた。わが国のセクシャル・ハラスメントの法規制は，アメリカなどに比べると10年は遅れているとの認識（林「国際的にも認められる二つのタイプ」法学セミナー448号，1992年，53頁）から，先生は精力的に論文などの著作や裁判活動の支援で，裁判所，学界および社会に積極的な働きかけをしてこられた。1997（平成9）年の均等法改正で，セクシャル・ハラスメントが立法化され，事業主のセクハラ行為に対する「配慮義務」が定められた（同法21条）。先生は1999年春の労働法学会報告「アメリカにおけるセクシャル・ハラスメント法理の再検討」（日本労働法学会誌94号39頁以下）で，1980年代以降のアメリカのセクハラ規制の状況を検討し，1997年均等法21条では，「女性の男性に対する，男性の男性に対するハラスメントは適用対象外になっており，性を理由とする差別が放任されている」と批判的に指摘した。2006（平成18）年均等法改正は，従来の「女性に対する配慮義務」を「措置義務」へ改正して規制を強化した（同法11条）。セクハラに対する法規制は，立法上の不備

追悼

を含みながら，漸進的であるが進んできている。

五　ジェンダーと雇用の平等

　林先生は長年，「ジェンダー平等を原則とする雇用における男女平等」の実現を研究課題にしてきた。セクシャル・ハラスメント問題への取組みも，こうした研究の一環である。研究生活の当初から，先生は最低労働条件法である労基法の均等待遇（3条）および男女同一賃金（4条）の規定上の不備（前者には「性別」が含まれず，後者には法案の準備段階であった「同一（価値）労働同一賃金」の文言が含まれていないこと）の問題性を指摘し，改善を求め続けてきた。雇用における女性労働者の差別的扱いを利用する企業社会の悪しき慣行は，結婚退職制，女子若年定年制，女子差別定年制などの裁判を通して，次第に否定されてきたが，それでもわが国の「女性の社会への参加度」は，国際的に見ても今日なお非常に低い（調査対象国145か国のなかで日本は101位，World Economic Forum. 'World Global Gender Gap Report 2015'）。

　林先生は，コース別賃金が男女の賃金格差をもたらすとして，女性職員がその是正を求めて提訴した住友電工事件（大阪地判平成12年7月31日）の控訴審で，大阪高裁に労働法学の立場から鑑定意見書を提出した（林「住友電工地裁判決鑑定意見書」労働法律旬報1529号，2002年，30頁以下）。地裁判決が原告の請求を退けた理由は「男女コース制は憲法14条の趣旨に合致しないが，使用者に採用の自由があり，他方，均等法（当時の8条）では募集，採用は努力義務にとどまるもので，昭和40年代当時の男女役割分担意識の強さなどから，企業の採用方法は当時としては違法といえず公序違反といえない」ということにあった。こうした裁判所の判断手法を，先生は「時代制約論」と呼んで，鑑定意見書や論文で「ジェンダーバイアスおよび統計的差別は，必ず個人を抑圧するという典型的な事例」と批判している。同事件では，先生を含む他分野の研究者の鑑定意見書や論文などが，数多く控訴審に提出され，そのうえ国連の社会権規約委員会の最終所見（2001年8月30日）が，コース別雇用管理を容認する均等法の意義と適用を疑問視し，適切なジェンダー視点を備えた新たな法律の採択を日本政府に勧告するに至った。このような男女コース制賃金差別に対する内外の批判を受けて，控訴審の大阪高裁は被告会社にコース制を改めるように要請する「和解勧告」を出し，この勧告を訴訟当事者双方が受け入れたことにより，実質的に控訴人（原告）勝訴の和解が成立した（大阪高裁和解勧告・平成15年12月24日）。大阪高裁は原告労働者側の「時代制約論」という批判に対して「過去の社会意識の残滓を容認することは社会の進歩に背を向ける結果となることに留意されなければならない」と積極的に前向きの応答をし，さらに「現在においては，直接的な差別のみならず，間接的な差別に対しても十分な配慮が求められる」との見解を示した。これはまさに，林先生のいう「変革のツールとしての法廷闘争」の成果であったといえる

であろう。

六　社会保障法分野の研究と学会活動

　林先生は労働法だけでなく，社会保障法の分野でも研究活動を続けてこられた。詳述する余裕はないので，初期と近年の論文を若干例示するにとどめる。前者には「『堀木訴訟』判決をめぐる福祉行政の問題」（日本労働法学会誌41号，1973年），「女性と年金」（賃金と社会保障913号，1985年）などがあり，後者には社会保障法学会講座の所収論文「最低生活保障と平等原則──外国人への適用を中心に」講座・社会保障法第5巻『住居保障法・公的扶助法』（法律文化社，2001年）および「ひとり親世帯と社会保障」新・講座社会保障法第3巻『ナショナルミニマムの再構築』（法律文化社，2012年）を挙げておく。二つの社会保障法学会講座は，いずれも先生が編集委員の一人として企画・編集を担当された。

　社会保障法学会の活動としては，先生は1982（昭和57）年の学会創設時の第1期理事会の時代から引続き理事に選出され，以来2014（平成26）年まで32年間にわたり，理事として学会運営に携わって来られた。学会創設期の理事に労働法学会の重鎮である沼田稲次郎先生，有泉亨先生（初代代表理事）ほか，錚々たる学者が含まれていたなかで，若い世代の林弘子先生も理事に選出され，学会運営に参画していたことに改めて驚きを感じる。

七　学長就任と第2の人生の夢

　2013（平成25）年3月に福岡大学を定年退職され，翌4月から強く請われて，宮崎公立大学の学長に就任された。就任時の新聞報道によると，セクハラ問題で大きく揺れていた同大学は，労働法の専門家でセクハラ・パワハラ問題に熟知した著名な林先生に，大学が直面している諸問題の解決──失われた社会的信頼の回復と大学運営の正常化──を期待したのであった。学長就任後3年間で，先生は多くの成果を挙げ，後任の次期学長候補者の指名まで早々と終えていた。先生は2017（平成29）年3月の学長職の任期満了により，大学と地域社会から託された任務を終え，福岡に戻ることを楽しみにしていた。

　林先生は福岡大学在職中の2003（平成15）年に，福岡県弁護士会に弁護士登録をされ，教育研究の傍ら，福岡市内の法律事務所の客員弁護士として活動されていた。先生は宮崎から帰福して，ホームグラウンドである福岡で研究生活と弁護士活動に専念し，第2の人生をエンジョイされる計画だったのではなかろうか。大学行政から解放され，先生のライフワークであるジェンダー・フリー（男女の平等化）のための研究と「ツールとしての法廷闘争」の本格的な再開の条件は整っていた。しかし先生は第2の人生の扉を開くことなく，天上へ旅立たれてしまった。理論と実践の両面を融合させて活動できる得難い存在を失うのは，学界および社会にとって甚大な損失である。あまりにも早いご逝

追悼

去が惜しまれてならない。

　八　二つのエピソード

　最後に，林先生の人柄が偲ばれるエピソードに，少しだけ触れておきたい。一つは私が大学院に入学した際の新入生歓迎コンパのときのことである。歓迎コンパは荒木誠之先生がご自宅で行うことを提案されたのだが，おそらく大学紛争後の社会法ゼミの荒んだ雰囲気を改善したいというご配慮だったのであろう。院生たちは鍋料理に必要な材料と酒を買い入れ，荒木先生のご自宅（大学職員宿舎）にお伺いした。林助手は院生のためにサントリーレッドのジャンボ・ボトル（2リットル）を持参された。ウィスキーはまだ高価な時代で，日常的に院生が飲める酒ではなかった。院生たちは「何だ，レッドか」と減らず口をたたきながら，内心は喜んで飲んだので，ジャンボ・ボトルはすぐに空になった。ウィスキーの持参も林先生のさりげない気遣いであったが，それに気づいたのは私が年齢を重ねてからのことである。9人のゼミ生は飲めるだけ飲んで酔っ払い，あちこちで喧嘩に近い議論を始めた。紅一点の林助手もその議論の輪に参加し，一歩も引かなかった。先生は若い時代から「静かなる微笑みの闘士」であった。

　もう一つは，1994（平成6）年，九州社会法研究会で荒木先生の古稀記念祝賀会が催されたときのことである。先生は荒木先生に70本の紅い薔薇の花束を贈られた。深紅の薔薇70本は美しく壮観であった。先生は深紅の薔薇に何を託されたのか。おそらく紅い薔薇には（人間）愛と（学問への）情熱，そして（平等な社会への）変革という先生の信条が込められていたに違いない。

　九　林弘子先生が研究生活を通して追い求めてきた雇用における平等，ジェンダーフリー，そして社会的平等の実現に向けた問題提起は，人間社会にとって時と場所を超えた普遍的な課題であり，誰もが自らの問題として受けとめ取り組んでいかなくてはならない。今日の国内外の人権を取り巻く環境は，決して安心できる状況ではない。しかし先生が指摘され続けた課題と示された問題解決の方向性は，多くの人々によって受け継がれ，平等の実現に向けた努力が止むことはない。

　追悼文を終わるにあたり改めて，林弘子先生のご逝去を悼み，心からご冥福をお祈り申し上げます。

（あべ　かずみつ）

2015年度学会奨励賞について

石　田　　　眞

（早稲田大学，学会奨励賞審査委員会委員長）

1　はじめに

　日本労働法学会奨励賞（以下，「学会奨励賞」という。）は，労働法学における若手研究者の優れた研究を顕彰することにより，研究を奨励し，労働法学の一層の発展および充実を図ることを目的として設けられた賞である。

　学会奨励賞審査委員会（以下，「審査委員会」という。）は，2015年度の学会奨励賞として，下記の両名の著作を審査の上選定した。これにもとづき，審査委員会委員長は，2016年10月16日独協大学において開催された第132回大会の総会時に，選考結果および経過を報告し，唐津博代表理事より両名に対して表彰状および副賞が授与された。

2　受賞対象著作と選評

(1)　石﨑由紀子「疾病による労務提供不能と労働契約関係の帰趨―休職・復職過程における法的規律の比較法的考察(1)-(5・完)」『法学協会雑誌』第132巻2号1頁，同巻4号1頁，同巻6号1頁，同巻8号1頁，同巻10号1頁（完結号：2015年10月）

　本論文は，近年重要な問題となっているにもかかわらず，法的検討が不十分であった労働者の私傷病における休職および復職をめぐる問題に関する本格的な研究である。その構想は，日本の問題状況を出発点に，フランスおよびドイツにおいて私傷病による休職・復職過程にどのような法規制が行われているかを検討し，そこから法規制の存在しない日本への示唆を導き出そうとするものである。とくに，本論文では，ドイツ・フランスと日本との比較から，復職を「プロセス」としてとらえて法規制を行ってきドイツ・フランスと，復職を労働契約関係終了時の健康状態という「点」でしかとらえてこなかった日本との間に顕著な相違があることを示し，日本においても「プロセス」に着目した手続的規律が必要であるという結論を説得的に導き出している。本論文は，近時の重要問題への意欲的な挑戦という意味でも，本格的な比較法研究という意味でも，またしっかりとした構想と骨格をもっているという意味でも，若手研究者のめざす一つの模範を示しているといえる。

(2) 鈴木俊晴『労働者の傷病と産業医の関与についての法政策——フランス労働医が有する就労可能性判定機能の歴史的分析を手がかりとして』（早稲田大学出版部，2015年3月）

　本著作は，わが国の労働法学において従来ほとんど研究対象とされてこなかった産業医制度あるいは労働医制度の分野についてのはじめての本格的研究である。その構想は，労働者の私傷病をめぐる法律問題に医学の専門家である医師の適切な関与が不可欠であるという問題意識を出発点に，日本の産業医制度の分析・検討および問題点の指摘を行い，その問題点の解決の方向性を探るため，フランスの労働医制度の分析をおこなうものである。とくに，傷病労働者の就労可能性判定についての日本の産業医とフランスの労働医の役割の相違に関して，両国の制度の歴史にまで踏み込んで分析し，そこから日本の産業医制度の問題点を見事に析出している。本著作は，近時の重要問題を扱うと同時に，従来労働法学が十分に取り組んでこなかった産業医制度の検討をフランスの労働医制度との比較の中でおこない，有益な示唆を導き題しているという意味で，若手研究者による労働法学の空白を埋める基礎研究として意義のあるものである。

(3) 総　括

　審査委員会は，以上のとおり，両著作とも，日本の労働法学における現代的課題に，しかりした構想と斬新な切り口で取り組んだものであり，理論と実務の双方に寄与しうる学術価値の高いものとして顕彰に値すると判断した。

3　その他（学会奨励賞について）

　学会奨励賞は，次の基準により選考される（学会奨励賞授与規程より）。

(1) 毎年，前年（1月～12月）に公刊された労働法に関する著書および論文のうち，学術的・理論的にみて特に優れたと認められるものを，学会奨励賞の対象とする。公刊の基準時は，雑誌論文の場合は掲載号（連載については完結号）の，著書の場合は奥付記載の発行年月日とする。

(2) 受賞者は，原則として，当該著書・論文の公刊時に40歳未満で，日本労働法学会の学会員である者とする。なお，著書・論文が複数の著者によるときは，全員が同年齢以下でなければならない。

（いしだ　まこと）

◆日本労働法学会第132回大会記事◆

　日本労働法学会第132回大会は，2016年10月16日（日）に獨協大学において，大シンポジウムの一部構成で開催された（以下，敬称略）。

　一　大シンポジウム
統一テーマ：「労働法における立法政策と人権・基本権論―比較法的研究―」
司　会：石田眞（早稲田大学），浜村彰（法政大学）
報　告：
1．「労働法における立法政策と人権・基本権論を比較法的に検討する今日的意義―報告全体の趣旨」報告者：浜村彰（法政大学）
2．「イギリスにおける労働立法政策と人権・基本権論―労働市場の効率性と憲法化・シティズンシップ論」報告者：有田謙司（西南学院大学）
3．「ドイツ労働法における立法政策と人権・基本権論―最近の立法動向を中心に」報告者：川田知子（中央大学）
4．「フランス労働法における立法政策と人権・基本権論―合憲性審査における『雇用の権利』の意義と課題を中心に」報告者：細川良（労働政策研究・研修機構）
5．「日本の労働立法政策と人権・基本権論―労働市場政策における人権・基本権アプローチの可能性」報告者：沼田雅之（法政大学）
6．「総括―労働法における立法政策と人権・基本権論の比較法的研究から得られたもの」報告者：有田謙司（西南学院大学）

　二　総　会
1　奨励賞審査結果報告
　石田眞奨励賞審査委員長より，2015年度の学会奨励賞の審査結果が報告された。受賞者は，石﨑由希子会員「疾病による労務提供不能と労働契約関係の帰趨―休職・復職過程における法的規律の比較法的考察(1)-(5・完)」法学協会雑誌第132巻2号，4号，6号，8号，10号（完結号：2015年10月），鈴木俊晴会員『労働者の傷病と産業医の関与についての法政策―フランス労働医が有する就労可能性判定機能の歴史的分析を手がかりとして』（早稲田大学出版部，2015年3月）である。唐津博代表理事より，両会員に対して表彰状と副賞が授与された（石﨑会員につい

ては，荒木尚志理事が代理で受賞した）。また，（石﨑会員の代理として）荒木理事および鈴木会員が，受賞の挨拶をした。

2　理事・監事選挙の結果について
（1）選挙管理委員長の小宮文人理事より，2016年7月26日（火）に開票された理事・監事選挙の結果について，以下の会員が理事・監事に選出されたことが報告された（50音順）。
- 理事当選者（10名）
　井上幸夫，唐津博，川口美貴，島田陽一，名古道功，野川忍，野田進，浜村彰，山川隆一，米津孝司
- 監事当選者（2名）
　竹内（奥野）寿，長谷川聡

（2）長谷川聡監事より，当日理事会にて以下の5名の会員が推薦理事に選出されたことが報告された（50音順）。
　有田謙司，川田知子，土田道夫，森戸英幸，山下昇

3　第133回大会およびそれ以降の大会について
野川企画委員長より，以下のとおり報告がされた。
（1）まず今後の大会予定に関し，以下のとおり報告がされた。
◆第133回大会について◆
　期　　日：2017年5月28日（日）
　会　　場：龍谷大学
　内　　容：
①個別報告
〈第1会場〉
- 日野勝吾（淑徳大学）「公益通報者保護法の今日的意義と課題」
　司　　会：鎌田耕一（東洋大学）
- 河野奈月（明治学院大学）「労働者の個人情報の収集をめぐる規制—アメリカ法・フランス法を素材として」
　司　　会：荒木尚志（東京大学）

〈第2会場〉
- 地神亮佑（滋賀大学）「労働保険における労働者の「従前業務」に対する法的評価—アメリカ法を参考に」
　司　　会：水島郁子（大阪大学）

- 古賀修平（早稲田大学大学院）「フランス労働法における合意解約に対する規制に関する一考察」
  司　会：島田陽一（早稲田大学）
② 特別講演
   報告者：菅野和夫（東京大学名誉教授）
   演　題：未定
③ ミニシンポジウム
〈第一会場〉
テーマ：委託型就業者の就業実態と法的保護
司会・趣旨説明：鎌田耕一（東洋大学）
報告者：
　長谷川聡（専修大学）
　田中建一（東洋大学）
　内藤忍（労働政策研究・研修機構）
〈第二会場〉
テーマ：不当労働行為救済法理を巡る今日的検討課題
司会・趣旨説明：古川景一（弁護士）
報告者：
　川口美貴（関西大学）
　古川景一（弁護士）
　田中誠（弁護士）
〈第三会場〉
テーマ：女性活躍推進と労働法（ワークショップ方式）
司　会：野川忍（明治大学）
趣旨説明：小畑史子（京都大学）
コメント：山極清子（非会員・昭和女子大学客員教授）
◆第134回大会について◆
　期　日：2017年10月15日（日）
　会　場：小樽商科大学
　内　容：「雇用社会の変容と労働契約終了の法理」（仮）を統一テーマとして，大シンポジウムを開催することを予定している。
◆第135回大会について◆
　期　日：未定
　会　場：早稲田大学

内　容：未定
　(2)　続いて，2018年度から年１回の秋季開催となる学会大会の内容について，以下の予定が説明された。
〈１日目（土曜日）〉
　　12時〜13時　個別報告
　　13時〜15時　ワークショップ第１部
　　15時〜17時　ワークショップ第２部
　　夜　　懇親会
〈２日目（日曜日）〉
　　午前　大シンポジウム
　　昼　　総会，特別講演
　　午後　大シンポジウム
　(3)　また，今後の企画に実務家の意見を反映させることができるよう，企画委員長を除き現在８名の企画委員に２名を増員し（したがって計10名），当該増員分に実務家を選任する企画委員会提案が，前日理事会において承認されたことが報告された。
　(4)　最後に，年１回開催への移行後のワークショップのテーマ等について，会員の提案を募るため，学会ウェブサイトに書式を掲載する予定であることが説明された。

　4　学会大会年１回開催への移行について
　唐津博代表理事より，以下のとおり報告がされた。
　(1)　まず，理事会の開催について，年１回開催への移行後も現在の年２回の回数を維持し，学会大会開催時の秋とは別に春にも開催することとし，その際，春季に開催される社会保障法学会の開催時期・場所を考慮することが，前日理事会で決定されたことが報告された。
　(2)　次に，年１回開催移行後の学会の会計年度（現在４月から翌年３月まで）について，総会のある大会開催時期に合わせ10月から翌年９月までの期間とすることが，前日理事会において承認されたことが報告された。なお，移行期の調整のため，2017年度の会計手続きは変則的に次のとおりとなる。すなわち，2017年５月の大会時に予算を2017年４〜９月（半年分）について編成し，同年10月の大会時に当該半年分の決算および2017年10月〜2018年９月（１年分）の予算編成を行う。以上について，総会で承認が得られた。

5 学会誌について

奥田香子編集委員長から，以下の内容について報告がなされた。

(1) まず，編集委員について，緒方桂子委員と長谷川珠子委員の2016年9月の任期満了に伴い，2016年10月から2019年9月の任期で，水島郁子会員（大阪大学）と原昌登会員（成蹊大学）に交代したことが報告された。

(2) 次に，学会誌第128号が10月22日に発行の運びとなったことが報告された。また，2017年春刊行予定の学会誌第129号については，今回の大会内容に対応し大シンポジウム報告，回顧と展望，定例記事を掲載する予定であり，投稿論文が1本提出される可能性のあることが報告された。次の学会誌第130号については，特別講演，個別報告，ミニ・シンポジウム報告，回顧と展望，定例記事を掲載する予定であることが報告された。

(3) また，学会大会の年1回開催への移行に伴う学会誌編集上の検討事項について，今後検討を進める予定であることが報告された。

(4) 最後に，学会誌の円滑な発行のため，締切の遵守が要請された。

6 国際労働法社会保障法学会について

荒木尚志会員より，以下の報告がなされた。

(1) 今後開催予定の国際労働法社会保障法学会（International Society for Labour and Social Security Law: ISLSSL）関係会議は，下記のとおりである。

- 第12回欧州地域会議：2017年9月20-22日チェコ（プラハ）
- 第22回世界会議：2018年9月4-7日イタリア（トリノ）

本世界会議では7つのテーマ（1. Informal workers, 2. Migrant workers, 3. Global trade and labour, 4. Organization, productivity and well-being at work, 5. Transnational collective agreements, 6. New forms of social security, 7. The role of the state and industrial relations）について，Internet上でのディスカッションを踏まえた報告が予定されている。

(2) 名誉会長 Roger Blanpain 教授逝去

2016年10月11日にベルギー・ルーヴァン大学の Roger Blanpain 教授が84歳で逝去された。Blanpain 教授は International Encyclopaedia of Labour Law and Industrial Relations や Bulletin of Comparative Labour Relations の編者として国際レベルで比較労働法研究をリードされ，本国際学会会長や国際労使関係学会会長を歴任された。日本にも沢山の友人・知人を持ち，そのEU労働法の著書は小宮文人会員・濱口桂一郎会員らによって翻訳されている。比較労働法研究に大きな足跡を残され，日本人研究者にも多大の影響を与えられた Blanpain 教授の逝去に衷心

より哀悼の意を表したい。

（3）本学会（ISLSSL）とは別の団体であるが，世界の労働法研究所が主体となって Labour Law Research Network（LLRN）という国際労働法研究ネットワークが立ち上がり，2013年6月13-15日に第1回会議がスペイン（バルセロナ）で，第2回会議が2015年6月25-27日にオランダのアムステルダム大学で開催され，第3回会議は2017年6月25-27日にカナダ（トロント）で開催予定である（LLRN のホームページ http://www.labourlawresearch.net/ 参照）。

（4）本学会（ISLSSL）の詳細については，本学会 website（http://islssl.org/）を参照されたい。

　本学会支部に関する問い合わせ先：東京大学法学部荒木研究室内　国際労働法社会保障法学会日本支部事務局（laborlaw@j.u-tokyo.ac.jp）

7　新労働法講座について

編集代表の和田肇理事より，新労働法講座の発刊作業の進捗状況について報告が行われ，未脱稿者に対して早期の原稿提出が要請された。また，2017年2月から発行し，同年5月28日（日）の学会大会までに全6巻を発行する予定であることが報告された。

8　入退会について

米津孝司事務局長より，退会者4名および以下の3名について入会の申込みがあったことが報告され，総会にて承認された。（50音順）。

後藤究（中央大学大学院），張智程（京都大学），渡辺正彦（社会保険労務士）

9　その他

（1）唐津博代表理事より，2018年7月22日（日）から28日（土）まで九州大学および福岡国際会議場で開催される比較法国際アカデミー第20回国際会議について，日本労働法学会として後援することが前日理事会により承認されたことが報告され，総会で承認された。

（2）米津孝司事務局長より，今大会でも一時保育を実施していること（委託先：株式会社タスク・フォース）が報告された。

◆日本労働法学会第133回大会案内◆

1　日　時：2017年5月28日（日）
2　会　場：龍谷大学　深草キャンパス
3　内　容：
　（1）　個別報告
〈第1会場〉
・日野勝吾（淑徳大学）「公益通報者保護制度の役割と制度活用に向けた課題」
　　司　会：鎌田耕一（東洋大学）
・河野奈月（明治学院大学）「労働者の個人情報の収集をめぐる規制―アメリカ法・フランス法を素材として」
　　司　会：荒木尚志（東京大学）
〈第2会場〉
・地神亮佑（滋賀大学）「労働保険における労働者の「従前業務」に対する法的評価―アメリカ法を参考に」
　　司　会：水島郁子（大阪大学）
・古賀修平（早稲田大学大学院）「フランス労働法における合意解約に対する規制に関する一考察」
　　司　会：島田陽一（早稲田大学）
　（2）　特別講演
　　報告者：菅野和夫（東京大学名誉教授）
　　演　題：「労働政策の時代に思うこと」（仮）
　（3）　ミニ・シンポジウム
〈第1会場〉「委託型就業者の就業実態と法的保護」
　　司会・趣旨説明：鎌田耕一（東洋大学）
　　報告者：長谷川聡（専修大学）
　　　　　　田中建一（東洋大学）
　　　　　　内藤忍（労働政策研究・研修機構）
〈第2会場〉「不当労働行為救済法理を巡る今日的検討課題」
　　司会・趣旨説明：古川景一（弁護士）
　　報告者：川口美貴（関西大学）
　　　　　　古川景一（弁護士）

　　　　　田中誠（弁護士）
〈第３会場〉「女性活躍推進と労働法」（ワークショップ方式）
　司　会：野川忍（明治大学）
　趣旨説明：小畑史子（京都大学）
　コメント：山極清子（非会員・昭和女子大学客員教授）

　　　　　　　　　　　　　　　　　　　　　　　　（以上，敬称略）

日本労働法学会規約

第1章　総　　則

第1条　本会は日本労働法学会と称する。
第2条　本会の事務所は理事会の定める所に置く。（改正，昭和39・4・10第28回総会）

第2章　目的及び事業

第3条　本会は労働法の研究を目的とし，あわせて研究者相互の協力を促進し，内外の学会との連絡及び協力を図ることを目的とする。
第4条　本会は前条の目的を達成するため，左の事業を行なう。
　1．研究報告会の開催
　2．機関誌その他刊行物の発行
　3．内外の学会との連絡及び協力
　4．公開講演会の開催，その他本会の目的を達成するために必要な事業

第3章　会　　員

第5条　労働法を研究する者は本会の会員となることができる。
　本会に名誉会員を置くことができる。名誉会員は理事会の推薦にもとづき総会で決定する。
　（改正，昭和47・10・9第44回総会）
第6条　会員になろうとする者は会員2名の紹介により理事会の承諾を得なければならない。
第7条　会員は総会の定めるところにより会費を納めなければならない。会費を滞納した者は理事会において退会したものとみなすことができる。
第8条　会員は機関誌及び刊行物の実費配布をうけることができる。
　（改正，昭和40・10・12第30回総会，昭和47・10・9第44回総会）

第4章　機　　関

第9条　本会に左の役員を置く。
　1．選挙により選出された理事（選挙理事）20名及び理事会の推薦による理事（推薦理事）若干名

2．監事　2名

　　（改正，昭和30・5・3第10回総会，昭和34・10・12第19回総会，昭和47・10・9第44回総会）

第10条　選挙理事及び監事は左の方法により選任する。
1．理事及び監事の選挙を実施するために選挙管理委員会をおく。選挙管理委員会は理事会の指名する若干名の委員によって構成され，互選で委員長を選ぶ。
2．理事は任期残存の理事をのぞく本項第5号所定の資格を有する会員の中から10名を無記名5名連記の投票により選挙する。
3．監事は無記名2名連記の投票により選挙する。
4．第2号及び第3号の選挙は選挙管理委員会発行の所定の用紙により郵送の方法による。
5．選挙が実施される総会に対応する前年期までに入会し同期までの会費を既に納めている者は，第2号及び第3号の選挙につき選挙権及び被選挙権を有する。
6．選挙において同点者が生じた場合は抽せんによって当選者をきめる。

　推薦理事は全理事の同意を得て理事会が推薦し総会の追認を受ける。

　代表理事は理事会において互選し，その任期は2年とする。

　　（改正，昭和30・5・3第10回総会，昭和34・10・12第19回総会，昭和44・10・7第38回総会，昭和47・10・9第44回総会，昭和51・10・14第52回総会，平成22・10・17第120回総会）

第11条　理事の任期は4年とし，理事の半数は2年ごとに改選する。但し再選を妨げない。

　監事の任期は4年とし，再選は1回限りとする。

　補欠の理事及び監事の任期は前任者の残任期間とする。

　　（改正，昭和30・5・3第10回総会，平成17・10・16第110回総会，平成22・10・17第120回総会）

第12条　代表理事は本会を代表する。代表理事に故障がある場合にはその指名した他の理事が職務を代行する。

第13条　理事は理事会を組織し，会務を執行する。

第14条　監事は会計及び会務執行の状況を監査する。

第15条　理事会は委員を委嘱し会務の執行を補助させることができる。

第16条　代表理事は毎年少くとも1回会員の通常総会を招集しなければならない。

　代表理事は必要があると認めるときは何時でも臨時総会を招集することができる。総会員の5分の1以上の者が会議の目的たる事項を示して請求した時は，代表理事は臨時総会を招集しなければならない。

第17条　総会の議事は出席会員の過半数をもって決する。総会に出席しない会員は書面により他の出席会員にその議決権を委任することができる。

第5章　規約の変更

第18条　本規約の変更は総会員の5分の1以上又は理事の過半数の提案により総会出席会員の3分の2以上の賛成を得なければならない。

平成22年10月17日第120回総会による規約改正附則
第1条　本改正は，平成22年10月1日より施行する。
第2条　平成22年10月に在任する理事の任期については，次の通りとする。
　　一　平成21年5月に就任した理事の任期は，平成24年9月までとする。
　　二　平成22年10月に就任した理事の任期は，平成26年9月までとする。
第3条　平成21年5月に在任する監事の任期は，平成24年9月までとする。

学会事務局所在地
　〒192-0393　東京都八王子市東中野742-1　中央大学法学部
　　　　　　　川田知子研究室
　　　　　　　e-mail：rougaku@gmail.com

SUMMARY

《Symposium》

La Politique Législative du Droit du Travail et les Droits de l'homme

Akira HAMAMURA

I Pourpoi discute-t-on sur la Politique Législative du Droit du Travail et les Droits de l'homme ?
II La Priorité de la Politique Économique et le Manque des Discussions sur les Droits de l'homme après les années 1990.
III Le vide et La difficulté des Discussions sur les Droits de l'homme à propos de la Politique Législative du Droit du Travail.
IV Pourpoi discute-t-on du point vue du Droit Comparatif ?

The Policies of Labour Legislation and Discussions on Human Rights and Fundamental Rights in the UK: Effective Labour Market and Discussions on 'Constitutionalisation' and 'Citizenship'

Kenji ARITA

There are discussions on human rights and fundamental rights among the academic labour lawyers in the United Kingdom. They are to counter the excessive effective market-led policies of labour legislation. This article aims to receive some suggestions through considering those discussions. The suggestions are the following three points.

Firstly, the discussion on constitutionalisation of private law and labour law should be understood as the basic theories to counter the free market principles in the policies of labour legislation.

Secondly, the discussions on human rights and fundamental rights in relation to labour legislation in the UK suggests that labour law should be constructed as a system of rights and that policies of labour legislation should be in accordance to the objective of guaranteeing the human rights and fundamental rights. For example, the legislation governing unfair dismissal should be constructed in accordance to the objective of guaranteeing the fundamental right not to be unfairly dismissed.

Thirdly, the discussion on the modern citizenship which includes not only civil liberties and equality but also social rights suggests that we need a strategic concept like citizenship to adjust conflicts between human rights and fundamental rights of workers and those of employers, and to connect the discussions on human rights and fundamental rights with the policies of labour legislation.

Legislative Maßnahmen im deutschen Arbeitsrecht und die Menschenrechts -und Grundrechtediskussion: Mit Schwerpunkt auf der jüngsten gesetzgeberischen Entwicklung

Tomoko KAWADA

In der Bundesrepublik Deutschland wurden in den ersten Hälfte der 2000er Jahre eine Reihe von Arbeitsmarktreformen, die sogenannten Hartz-Reformen, durchgeführt. Positive Bewertungen dieser Gesetzesänderungen gehen davon aus, dass sie zu einer Modernisierung der Arbeitsvermittlungsdienste und zu einer drastischen Reduzierung der Zahl der

SUMMARY

Arbeitslosen und Sozialhilfeempfänger geführt haben. Andererseits werden sie auch dafür kritisiert, dass sie Probleme, wie die Zunahme der Niedriglohnarbeit und der unsicheren Beschäftigungsverhältnisse, geschaffen haben, die die Einkommenskluft zwischen arm und reich vergrößert hat. Gegen diese negativen Auswirkungen der aktiven Arbeitsmarktpolitik ist in Deutschland in den letzten Jahren eine Bewegung entstanden, die unter dem Motto "Gute Arbeit" eine Verbesserung der "Qualität der Arbeit" fordert.

Heutzutage ist "Gute Arbeit" nicht mehr nur ein Motto der Gewerkschaften; dass Leitbild beeinflusst auch verschiedene politische Maßnahmen der deutschen Regierung. Ein Ergebnis ist die Einführung eines gesetzlichen Mindestlohns und auf Grundlage des "Gesetzes zur Stärkung der Tarifautonomie", das seit dem 1. Januar 2015 in Kraft ist. Ein weiterer Einfluss sind die Anstrengungen, eine Gesetzesreform durchzusetzen, die darauf abzielt, den Missbrauch von Leiharbeit zu korrigieren und die Behandlung von Leiharbeitern zu verbessern. Das dritte Kabinett Merkel hat im Koalitionsvertrag von 2013 versprochen, Obergrenzen für die Überlassungsdauer zu setzen, um so die zeitliche Begrenztheit der Nutzung von Leiharbeit zu verdeutlichen, und im Hinblick auf die Lohndifferenz vfon Leiharbeitern und Stammbeschäftigten den Gleichbehandlungsgrundsatz usw. gesetzlich zu verankern. In Reaktion darauf sind gegenwärtig legislative Aktivitäten im Gange, eine Höchstüberlassungsdauer für Leiharbeit von 18 Monaten festzusetzen und Ausnahmen durch Arbeitsverträge mithilfe des Gleichbehandlungsgrundsatz einzuschränken. Die legislativen Maßnahmen in Deutschland in den letzten Jahren werden wohl als Bewegung zur Neuregulierung von Leiharbeit Beachtung finden.

Die Bundesrepublik Deutschland ist insgesamt mit Problemen konfrontiert worden, zu denen die Zunahme von Niedriglohnarbeit und unsicheren Beschäftigungsverhältnissen infolge der Deregulierung der 1990er Jahre, der Rückgang des Organisierungsgrades der Belegschaft in Gewerkschaften und die sinkende Regulierungskraft der Tarifverträge, sowie schließlich das Lohn-„Dumping" aufgrund der Liberalisierung der Arbeitsmobilität infolge der EU-Erweiterung gehören. Der vorliegende Beitrag stellt zunächst vor, welche Gegenmaßnahmen die Bundesregierung als legislative Maßnahmen getroffen hat (bzw. versucht, zu treffen), um dann aus der Perspektive der Menschenrechts-und Grundrechtediskussion zu betrachten, auf Grundlage welcher Prinzipien die legislativen Maßnahmen durchgeführt werden.

La Relation entre la Politique Législative de Travail (d'emploi) et le Droit Constitutionnel en France

Ryo HOSOKAWA

Lorsque on analyse la relation entre droit du travail et le droit constitutionnel en France, notamment la function du droit constitutionnel à la politique législative de travail (d'emploi), il faut remarquer que le Conseil constitutionnel controle la constitutionnalité de l'élaboration législative avant la promulgation. En effet, d'une part, le Conseil constitutionnel beaucoup justifie le législation de travail et d'emploi sur le droit social au préambule de la Constitution de 1946, d'autre part il souvent demande de concilier droit social et liberté d'entreprise.

Analysant la jurisprudence de le Conseil constitutionnelle, on peut remarquer quelque tendances du contrôle de constitutionnalité sur le législation de travail et d'emploi.

D'abord, le Conseil constitutionnelle respecte l'attribution et le pouvoir législative du parlement (et le gouvernement). Après 1983, Le Conseil constitutionnelle considère que 'la loi fixe les règles concernant les garanties fondamentales accordées aux citoyens pour l'exercice des libertés publiques et détermine les principes fondamentaux du droit du travail' en vertu de l'article 34 de le Constitution de 1958, et que 'le Conseil constitutionnel ne dispose pas d'un pouvoir général d'appréciation et de décision de même nature que celui du Parlement'.

Ensuite, le Conseil constitutionnelle tend s'inquiéter la conciliation entre le droit d'emploi et le droit et la liberté d'entreprise et souvent donner la priorité aux droits et libertés d'entreprise, par example, le jugement n° 2014-692 DC du 27 mai 2014 à la Loi Florange. Le Conseil constitutionnelle considére que le droit à emploi peut apporter à la liberté d'entreprendre des limitations 'à la condition qu'il n'en résulte pas d'atteinte disproportionnée au regard de l'objectif poursuivi'.

Essentiellement, qu'est-ce que 'le droit à emploi', ou qu'est-ce que 'le droit constitutionnel du travail' en vertu de l'article 27 du droit constitutionel au Japon. Qu'est-ce que 'le droit constitutionnel du travail' peut demande à la gouvernement ou au parlement? Quel limitation la gouvernement ou la loi peut imposer à la liberté d'entreprise? On doit aborder cet question difficile aussi au Japon.

Japanese Labor Legislation Policy and Human Rights and Fundamental Rights Theory: Possibility of "Human Rights and Fundamental Rights Approach" in Labor Market Policy

Masayuki NUMATA

I   Introduction

II Current situation and problems of temporary workers
　1 Current situation of temporary workers and the crisis of social sustainability

2　Further expansion of indirect employment

Ⅲ　The progress of deregulation and its background in the labor market since the 1990s
　1　Deregulation of Worker Dispatching Act in Japan
　2　Background for the deregulation

Ⅳ　Response of labor law theory to the deregulation
　1　Influence of 'New Support System' theory on the deregulation
　2　Evaluation from Human Rights and Fundamental Rights theory for the deregulation
　3　The difficulty of Human Rights and Fundamental Rights theory in labor market policy

Ⅴ　Basic viewpoint of "Human Rights and Fundamental Rights Approach" to labor market policy
　1　Basic recognition in considering labor market policy
　2　Necessity of adjustment by macro viewpoint
　3　Reference to Constitutional Law theory

Ⅵ　"Human Rights and Fundamental Rights Approach": *A new viewpoint of freedom and equality in time*
　1　A new constitutional value of sustainability
　2　New interpretation of Article 25 of the Constitution of Japan
　3　New interpretation of Worker's Rights: Article 27 of the Constitution of Japan
　4　New interpretation on the "occupation" under the Constitution of Japan
　5　Relationship between securing "proper employment" and Article 14 of the Constitution of Japan

Ⅶ Worker dispatch system conforming to "Human Rights and Fundamental Rights Approach"
  1 Necessity of "Regulation of Indirect Employment" legislation
  2 Necessity of adjustment of Worker Dispatching Act from the viewpoint of "conversion" to proper employment
  3 Necessity of adjustment of Worker Dispatching Act from the viewpoint of "maintaining" to proper employment

Ⅷ Conclusion

Conclusion of the Symposium: the Suggestions Derived from the Comparative Studies about Legislative Policies in Labour Law

Kenji ARITA

The aim of the symposium is to consider how to incorporate the human rights and fundamental rights point of view into the legislative policies of labour law. We receive some suggestions from the comparative studies about it. The suggestions are the following three points.

Firstly, it is a matter of course that the legislative policies of labour law should reflect the constitutionalised human rights and fundamental rights point of view under the constitutionalism. It needs to discuss from the human rights and fundamental rights point of view before or after the legislation to adjust conflicts between human rights and fundamental rights of workers and those of employers.

Secondly, we need some strategic concepts like 'Gute Aribeit', 'citizenship', 'decent work', or 'droit à l'emploi' etc. to adjust conflicts between human rights and fundamental rights of workers and those of employers, and to connect the discussions on human rights and fundamental rights with the policies of labour legislation.

Thirdly, it needs to develop the theories of human rights and fundamental rights which grasp and reflect the changing phases of modern social situation, especially, multifaceted workers who have faces as ordinary citizens, consumers and so on.

Essai sur la refondation du cadre juridique de l'intérim

Yoichi MOTOHISA

I Introduction
  1 La fin du principe de l'interdiction de pourvoir durablement un emploi régulier
  2 L'ambiguité ou polyvalence de l'objet de la loi sur l'interim
  3 L'extrême complexité des structures juriques de la loi sur l'interim

II Refondation du cadre juridique de l'intérim
  1 Les structures juridiques de la réglementation de l'intérim
  2 Les cadres juridiques et réglementaires pour les agences d'emploi privées
  3 Comment réguler les relations triangulaires de travail ?
  4 L'intérim et la sécurité sociale professionnelle

編集後記

◇ 本号は，2016年10月16日に獨協大学において開催された，第132回大会の大シンポジウム「労働法における立法政策と人権・基本権論—比較法的研究—」の報告論文を中心に構成されたものである。最近の立法政策論において，人権・基本権論がないがしろにされているという報告者の思いを起点に，真摯な議論が交わされた。また，近時の注目裁判例についての「回顧と展望」3本も収められている。さらに，中山和久先生と林弘子先生の在りし日のご功績を偲ぶ追悼文が寄せられた。ここに厚く御礼申し上げたい。

◇ 本号刊行にあたっては，執筆者の先生方に短期間でのご執筆ならびにご校正について，多大なご協力を頂いた。また，奥田香子編集委員長と鎌田耕一査読委員長からはひとかたならぬご助力を頂戴し，査読委員の先生方にも年末年始を含む短期間での査読にご協力頂いた。また，本号の編集および校正については，法律文化社の小西英央氏，瀧本佳代氏に大変お世話になった。この場を借りて，改めて感謝の意を表したい。

（神吉知郁子／記）

《学会誌編集委員会》
奥田香子（委員長），池田悠，植村新，大石玄，河合塁，川口美貴，神吉知郁子，坂井岳夫，榊原嘉明，長谷川珠子，原昌登，早川智津子，水島郁子，山本陽大（2017年4月現在）

労働法における立法政策と人権・基本権論
——比較法的研究

日本労働法学会誌129号

2017年5月10日　印　刷
2017年5月20日　発　行

編　集　者　日本労働法学会
発　行　者

印刷所　株式会社　共同印刷工業　〒615-0052 京都市右京区西院清水町156-1
　　　　　　　　　　　　　　　　　電　話　(075)313-1010

発売元　株式会社　法律文化社　〒603-8053 京都市北区上賀茂岩ヶ垣内町71
　　　　　　　　　　　　　　　電　話　(075)791-7131
　　　　　　　　　　　　　　　F A X　(075)721-8400

2017 Ⓒ 日本労働法学会　Printed in Japan
装丁　白沢　正
ISBN978-4-589-03853-1